印象南院

烟台南山学院手记

Impression.Nanshan University

王健龙 著

辽宁美术出版社

Liaoning Fine Arts Publishing House

王健龙 著

印象南院

烟台南山学院手记

Impression. Nanshan University

辽宁美术出版社

Liaoning Fine Arts Publishing House

图书在版编目（CIP）数据

印象·南院：烟台南山学院手记 / 王健龙著. —沈阳：辽宁美术出版社，2020.6
ISBN 978-7-5314-8422-6

Ⅰ. ①印… Ⅱ. ①王… Ⅲ. ①烟台南山学院—概况 Ⅳ. ①G649.285.23

中国版本图书馆CIP数据核字（2020）第125147号

出 版 者：辽宁美术出版社
地　　址：沈阳市和平区民族北街29号　邮编：110001
发 行 者：辽宁美术出版社
印 刷 者：辽宁新华印务有限公司
开　　本：880mm × 1230mm　1/32
印　　张：6.5
字　　数：120千字
出版时间：2020年6月第1版
印刷时间：2020年6月第1次印刷
责任编辑：彭伟哲
装帧设计：于敏悦
责任校对：满　媛
书　　号：ISBN 978-7-5314-8422-6
定　　价：78.00元

邮购部电话：024-83833008
E-mail:lnmscbs@163.com
http://www.lnmscbs.cn
图书如有印装质量问题请与出版部联系调换
出版部电话：024-23835227

谨以此记录那段不能重来的旅程

With This to Record That Unique Journey

目录
CONTENTS

简介
Introduction
七

序
Abstract
一二

校园印象
Campus Impression
一九

南院日常
Daily Life *Nanshan University*
七一

南院三两语
Talking about *Nanshan University*
九七

南院植物志
The Collection of Plants at *Nanshan University*
一二三

南院动物志
The Collection of Animals at *Nanshan University*
一三五

东海畅游
Playing in the East Sea
一三九

桑岛篇
Accounts of the Island of Song
一四九

漫步南山
Strolling in Nanshan
一五七

趣说黄县志
The Interesting Topic of County Huang's History
一六七

黄县味道
The Delicacy of County Huang
一八五

南院·再起航
Nanshan University. Set Sail Again
一九七

后记
Postscript
二〇四

简介

烟台南山学院，是由国家大型企业集团中国南山开发（集团）股份有限公司投资兴办、教育部批准的全日制普通本科院校。学校立足胶东，着眼山东，面向全国，以工为主，工、管、经、文、艺、医协调发展，培养高素质应用型人才。

学校占地面积3028亩，建筑面积77.23万平方米，建有工学院、商学院、人文学院3个综合二级学院，航空学院、音乐学院、健康学院、化工学院4个特色二级学院，开设75个本专科专业，26个系（部、中心），在校生2万余人。

学校在习近平新时代中国特色社会主义思想和党的十九大精神指引下，围绕人才培养中心任务，磨砺打造形成了“校企一体、协同育人”的鲜明办学特色，深耕校企一体化建设，践行“产业链+专业群”的教育模式，推动了教学、科研、师资队伍建设、学科专业建设等方面持续突破，紧密对接了新旧动能转换人才布局。

自2005年升格为本科院校以来，学校发展不断取得新突破：2015年，通过教育部本科教学工作合格评估。2016年，获批为山东省民办高校优质特色发展奖励扶持第一层次学校。2017年，被省政府确定为硕士学位授予立项（培育）建设单位。2018年，被山东省人社厅评为“山东省创新创业典型经验高校”。2019年，学校与青岛科技大学启动联合培养硕士研究生计划。在中国民办院校竞争力排行榜中，连续多年位居全国民办高校第六名、山东省民办高校第一名。

东海校区地址：中国山东省烟台市龙口市东海旅游度假区大学路12号
南山校区地址：中国山东省烟台市龙口市南山中路1号

Introduction

After being approved by the Ministry of Education, *Nanshan University*, Yantai was established as a full-time regular undergraduate university by Shenzhen New Nanshan Holding (Group) Co., Ltd. The University is located in Jiaodong, focusing on Shandong and facing the whole country. As its engineering-oriented subject, the University insists on coordinated development of engineering, management, finance, liberal art, fine art and medicine, so as to cultivate high-quality applied talents. Covering an area of 3,028 *mu*, it has a building area of 772,300 m^2. There are three comprehensive secondary colleges, including the College of Engineering, College of Business and College of Humanities, as well as four characteristic secondary colleges: College of Aeronautics, Conservatory of Music, College of Health and College of Chemical Engineering. At present, it has 75 undergraduate majors, 26 departments (departments and centers) and more than 20,000 students.

The university has focused on the central task of talent training, and formed a distinctive teaching characteristic of "Educate Talents with the Cooperation between Universities and Enterprises" under the guidance of Xi Jinping's thought of socialism with Chinese characteristics in a new era and the spirit of the 19th National Congress of the Communist Party of China. We have deepened the construction of the integration between schools and enterprises, carried out the education mode of "Industrial Chain + Professional Groups", promoting continuous breakthroughs in teaching, scientific research, faculty construction, discipline and specialty construction, and closely connected the talent distribution of the transformation of new and old ones.

Since our school was upgraded to a university in 2005, new breakthroughs have been made in the development of the school: it passed the qualification assessment of undergraduate teaching work of the Ministry of Education in 2015. _In 2016, school was approved as the first level school of high-quality Characteristic Development Award and support for private colleges and universities in Shandong Province. In 2017, it was determined by the provincial government to be a master's degree awarding project cultivation and construction unit. In 2018, it was rated as a "typical experience University of innovation and entrepreneurship in Shandong Province" by the Department of Human Resources and Social Security of Shandong Province. In 2019, the University and Qingdao University of Science and Technology launched a Joint Master's Program. In the list of competitiveness of private colleges and universities in China, it has ranked the sixth in the country and the first in Shandong Province for years in a row.

Donghai Campus Address: No. 12, University Road, Donghai Tourist Resort, Longkou, Yantai, Shandong Province, China
Nanshan Campus Address: No. 1, Nanshan Middle Road, Longkou City, Yantai, Shandong Province, China

序

烟台南山学院青年教师王健龙处女作《印象·南院——烟台南山学院手记》即将由辽宁美术出版社出版。作者希望我为该书写几个字，不论是作为校长还是师长，我都不好推辞。

烟台南山学院是位居中国企业500强前列的南山控股集团公司1988年开始投资兴建的，2005年经教育部批准升格为本科高校。现在，在各级党委和政府的领导下，南山学院全体员工遵循“12345”办学理念(1个目标、2条主线、3大建设、4个坚持、5个一体化)，为把南山学院办成全国一流民办本科高校而努力工作。

当前，全国“不忘初心、牢记使命”主题教育如火如荼。我校结合实际正在开展“弘扬正能量，爱祖国、爱南山、爱学校”活动。《印象·南院》犹如一朵破苞而出的鲜花，作者以精细的观察能力、细腻的美术技巧，把南山学院的山海环境、地标建筑、植物动物、大学生活、校训校风等用线条艺术表现得淋漓尽致，充分展现了作者的正能量和“三爱”情怀。

《印象·南院》是一部优秀的学术著作。王老师以其深厚的教育情怀、科学的学术精神、精细的绘画技术、辛勤的工作态度，在教学工作之余，前后历经数年时间，创作完成了150多幅大小不一的南山学院手绘图稿。这本书的问世，既是作者学术水平的综合体现，又是作者辛勤劳动的结晶。

《印象·南院》是一部优美的校园图册。南山学院是名副其实的山海之校。南山校区背靠南山，居于国家5A级旅游景区南山脚下；东海校区面临东海，隐于万亩黑松林中。校园内绿树成荫、花香鸟语，天然优美的校园景象在画册中得到充分显现，使得阅读该书成为一种享受。

《印象·南院》是一幅美丽的记忆地图。南山学院环境优美、校风纯正。这使每一位曾经在这里学习过的学生、工作过的教职工都难以忘怀。这本书就是一幅记忆地图，它给予我校毕业的、没毕业的、即将毕业的南院学子，以及在职的、离职的、即将入职的南院教师一份幸福的记忆，通过阅读《印象·南院》将你带入色彩缤纷的南院学习、工作和生活之中。

我为王健龙老师的《印象·南院》点赞。希望这本书的社会读者能够喜欢《印象·南院》、了解南山学院、支持南山学院。希望这本书的本校师生读者能够喜欢《印象·南院》、热爱南山学院、建设南山学院。

是为序。

烟台南山学院 院长

2019年11月

Abstract

Impression. Nanshan University—Notes on *Nanshan University*, Yantai is the first book written by Wang Jianlong, who is the young teacher of *Nanshan University*, Yantai. The book is going to be published by Liaoning Fine Arts Publishing House. At the invitation of the author, I am hoped to write some words for the book, whether as the principal or a senior teacher, there is no reason for me to decline.

Nanshan University, Yantai was invested and built in 1988 by Nanshan Group, which is a famous company and enjoys the reputation of top 500 Chinese enterprise. In 2005, the University was upgraded to an undergraduate university with the approval of the State Ministry of Education. At present, under the leadership of the party committees and governments at all levels, all the staff of *Nanshan University* are following the concept of "12345" to run a school (one goal, two main lines, three major constructions, four cardinal principles, five integrations) , so as to work hard to turn the University into a first-class civilian-run regular universities in China.

Nowadays, the national thematic education of "Remain True to Our Original Aspiration and Keep Our Mission Firmly in Mind" is in full swing. Our university is carrying out the activity of "Carrying Forward Positive Energy, Loving the Motherland, Loving the Nanshan, Loving the University". *Impression. Nanshan University* is like a fresh flower just blooming from the bud. With meticulous observation ability and delicate art skills, the author vividly expresses the environment with mountain and sea, the landmark building, the plants and animals, the university life, the university motto and ethos of *Nanshan University* through fine arts, which fully shows the positive energy and the "Three-love" Feeling of the author.

Impression. Nanshan University is an excellent academic work.

With the profound educational feeling, scientific academic spirit, fine painting skill, industrious work attitude, and after several years of teaching work, Mr. Wang has created more than 150 hand-painted drafts of *Nanshan University* in different sizes. The publication of this book is not only the comprehensive embodiment of the author's academic level, but also the fruit of the author's hard work.

Impression. Nanshan University is a beautiful campus atlas. *Nanshan University* is a veritable school with mountain and sea. Nanshan campus backs on to the Nanshan Mountain, established at the foot of Nanshan scenic spot zone, the national 5A tourist attraction. Donghai campus facing the East China Sea, hidden in ten thousand *mu* of Pinus thunbergii Parl forest. The campus is shaded with trees, there are flowers and birds everywhere, the natural beautiful campus scene is fully displayed in the picture album, which makes reading the book a kind of enjoyment.

Impression. Nanshan University is a beautiful memory map.

Nanshan University has beautiful environment and pure school ethos. This makes every student who have studied here and the teaching staff who have worked unforgettable. This book is a memory map, it gives happy memories to every member of *Nanshan University*, including the graduated students, undergraduates and who are about to graduate, as well as the in-service teachers, outgoing teachers and who are about to be employed. So that immediately bringing reading into the colorful and vivid memories of study, work and life in *Nanshan University*.

I like the *Impression. Nanshan University* created by Mr. Wang Jianlong very much. It is hoped that the social readers can like this book, get to know *Nanshan University* and support *Nanshan University*. I also hope that the teachers and students in our university can like this book and the University, and at the same time, love and develop *Nanshan University*.

This is the preface.

President of *Nanshan University*, Yantai

November in 2019

校园印象

IMPRESSION OF CAMPUS

M门

梦开始的地方，
关于青春与梦想，
关于欢笑与泪水，
关于欢聚与别离，
关于大学的种种，
从这里开始。

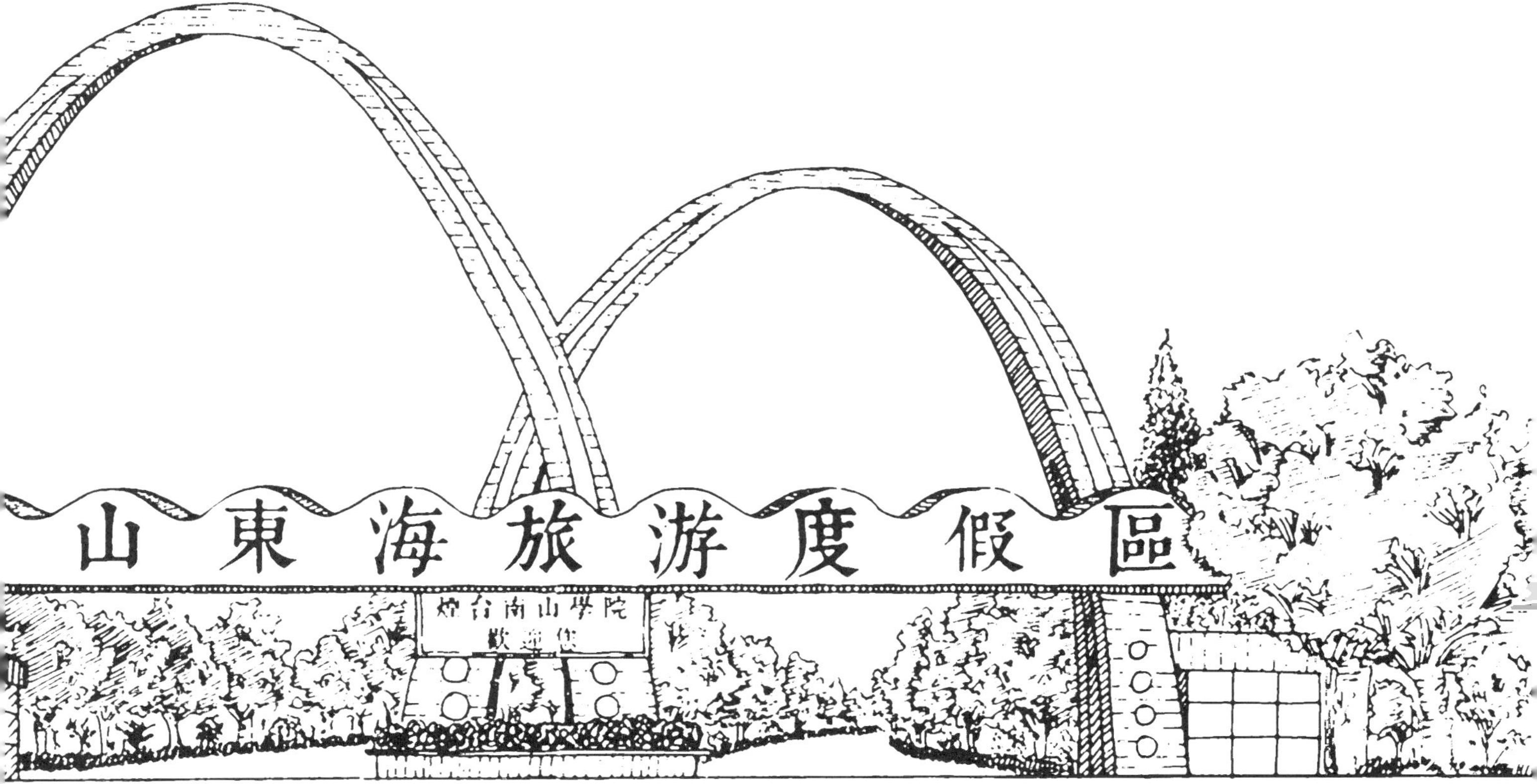
山東海旅游度假區
烟台南山学院
欢迎您

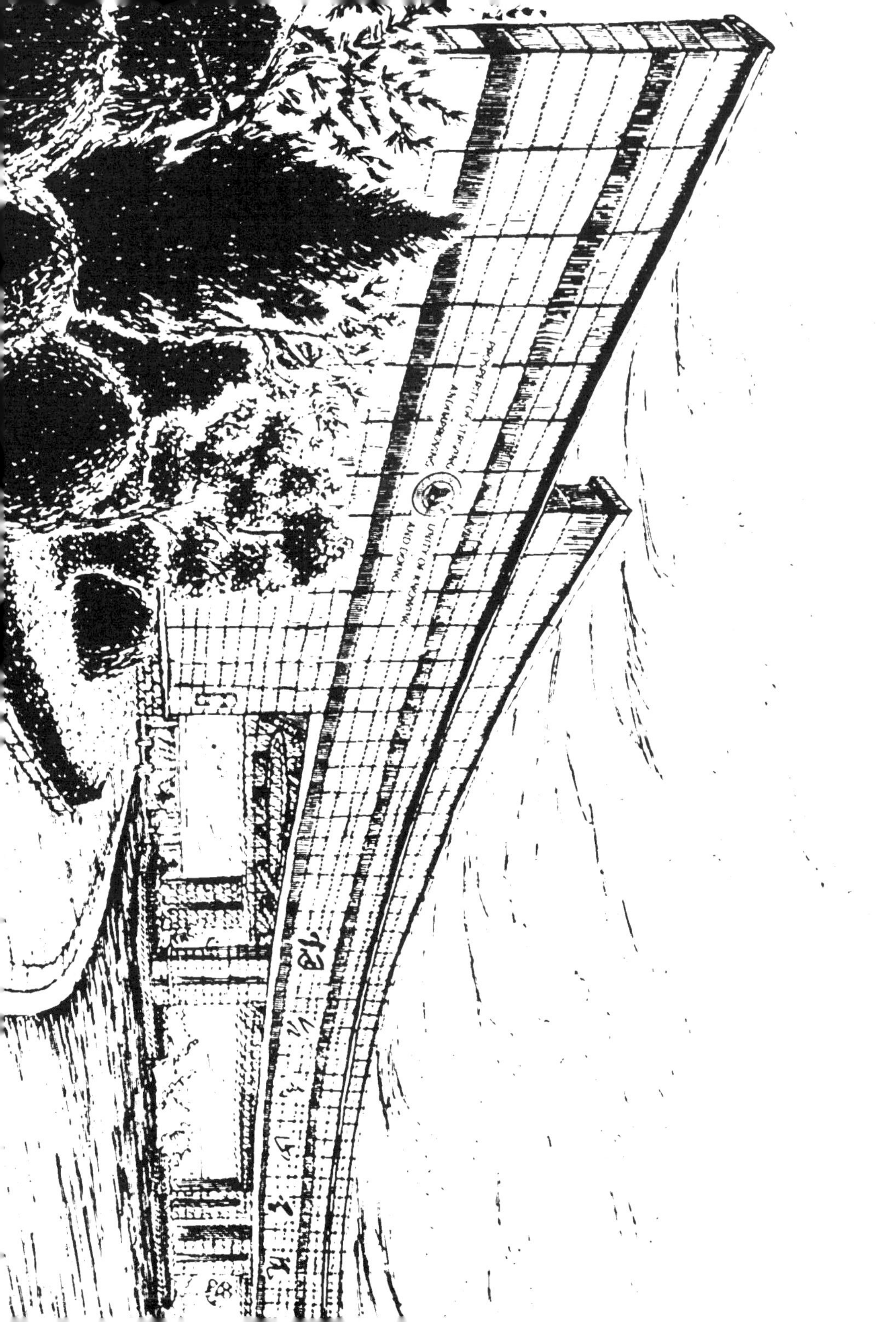

烟台南山学院正门

你来时对我微笑，走时冲我挥手；

我敞开怀抱，等待着下次与你相见。

Smile at Me When You Come and Wave to Me When You Leave;

I Open My Arms and Wait to See You Next Time.

爬山虎肆意地爬满校门口的条石，
如精心挑选的画框，
绕着画心，
条石左右，
立德、求是、笃行、创新
自信、自强、自省、自律。

无数次，
伴着脚步的节奏，
经过它身旁，
眼里显现的，
心里默念的，
正是与南山学院血脉相承的
校训、校风。

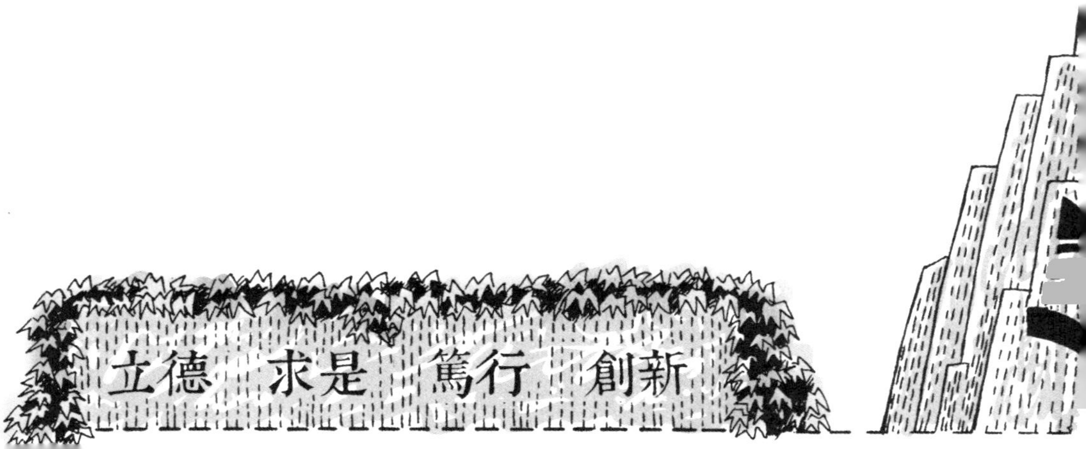

朋友，
在书页的留白处
写下属于你的南院故事吧。

或许多年后，
偶然翻出这本泛黄的纪念册，
伴着画，
看着熟悉的笔迹，
读着曾经的故事，
回忆关于青春的点滴，
想必一定是件惬意的事。

又或许在那夜梦中，
乘着颠簸的十二路公交，
伴着海风与松涛，
梦回南院。

Education Concept: School Enterprise Integration, Coordinated Education, Moral Education First, Ability First

Management Concept: Management is Service.

Teaching Style: Rigorous Study, Meticulous Education

Style of Study: Quick-minded and eager to learn, Learning for Practice

Style of Work: Realistic, Pragmatic and Conscientious

Administrative Culture: Be brave to bear responsibility, Be practical and accurate, Keep standard attitude, Achieve high quality and efficiency.

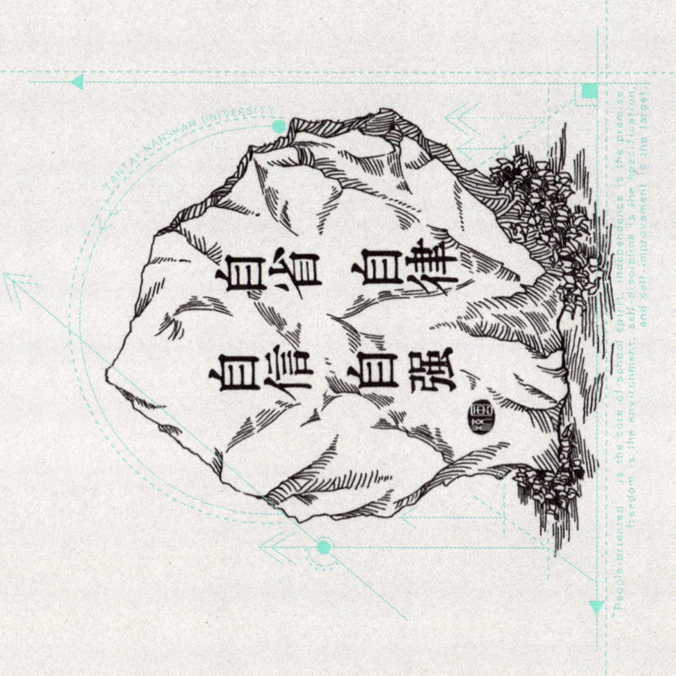

烟台南山学院·大学文化

校　训：立德　求是　笃行　创新

校　风：自省　自律　自信　自强

大学精神：自强不息　知行合一

行为准则：感恩　担当　博学　进取

教育理念：校企一体　协同育人　德育为先　能力为重

管理理念：管理就是服务

教　风：严谨治学　精心育人

学　风：敏而好学　学以致用

工作作风：求真务实　尽职尽责

行政文化：担当责任　务实求精　准确规范　优质高效

Nanshan University, Yantai · University Culture

School Motto: Establish Virtue, Seek Truth, Sincere Behavior, Make Innovations.

School Spirit: Confidence, Improvement, Examination, Discipline

University Spirit: Self-improvement, Unity of Knowledge and Practice

Code of Conduct: Gratitude, Responsibility, Erudition, Enterprising

富元图书馆

读书的目的不是记住多少知识，
而是让自己变得更有思想。

The Purpose of Reading Is Not to Remember Knowledge, but to Make Yourself Become More Thoughtful.

富文图书馆
崇尚奉献
追求卓越

行政

我觉得一份完整的校园纪念册应该有一些人、一些话来应景，这些话不一定要冠冕堂皇，也不必是警世名言；但一定是你在翻阅时想看的、想读的。

于是我有幸请到了见证南山学院成长的某位工龄最长的教师，某位专业教师，某位辅导员，某位毕业多年的校友，某位在著书时即将毕业的同学，某位在著书时刚刚入校的新生……他们分别写下了关于南山学院的一些话儿，伴着配图将各自的南院故事娓娓道来。

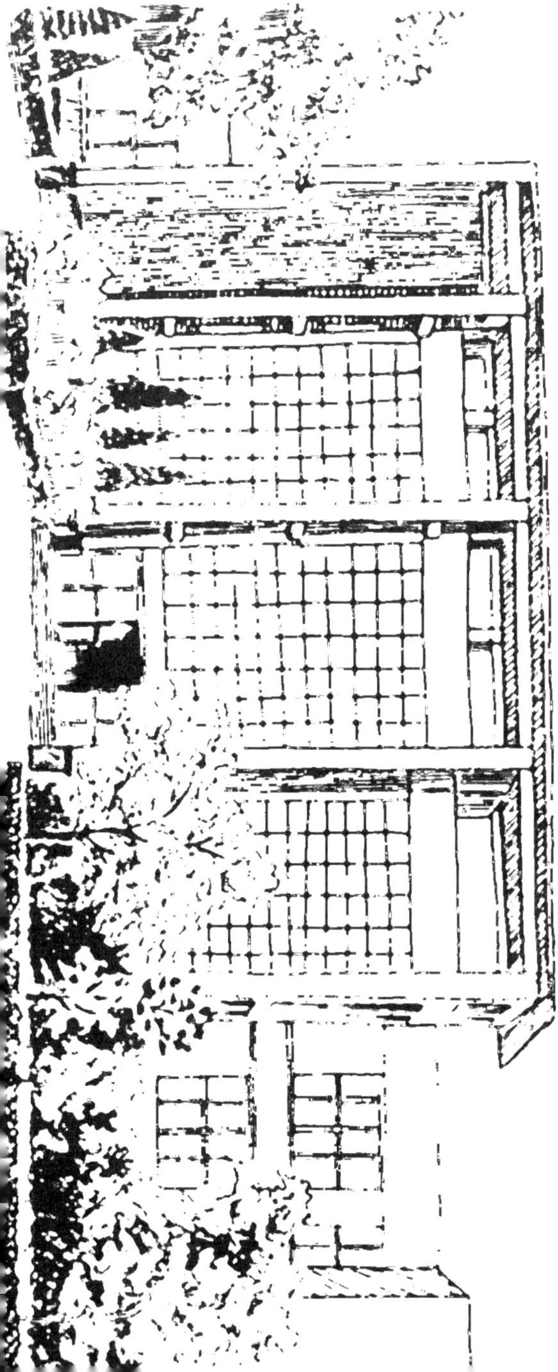

邦基楼（69号楼）

阶梯教室的座位有的已经坏掉了，
联排课桌上的涂鸦依稀可见，
你在这里上过公共课，
参加过期末考试。
是否你也曾经像我一样，
经历过一次略显尴尬的坐空，
而后，
养成每次公共课前先按按座椅的
习惯。

黑板上老师的板书写了又擦，
课的内容早已忘记，
投影仪播放的电影剧情也忘记了，
更或者连课程名字也已忘记，
只是趴在桌上打盹儿的某个瞬间，
有时会碎片式地显现，
仿佛就在昨天。

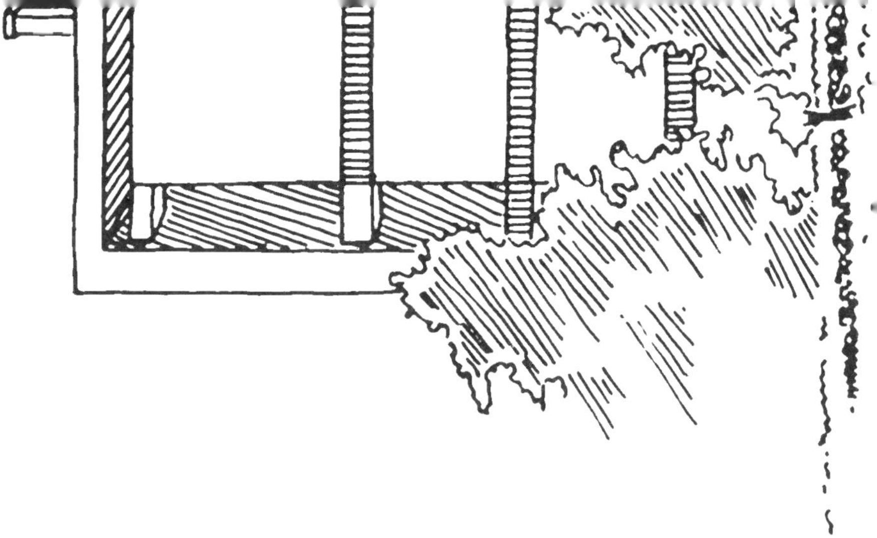

科技楼（81号楼）

应该是教学楼里最火爆的一栋了，每天不同院系的同学穿梭其中。

Photoshop, Audition, Premiere, Flash, Illustrator, Dreamweaver, In-design, After Effects, Autodesk Maya, 3D Max, AutoCAD ...

学过的软件还记得吗？

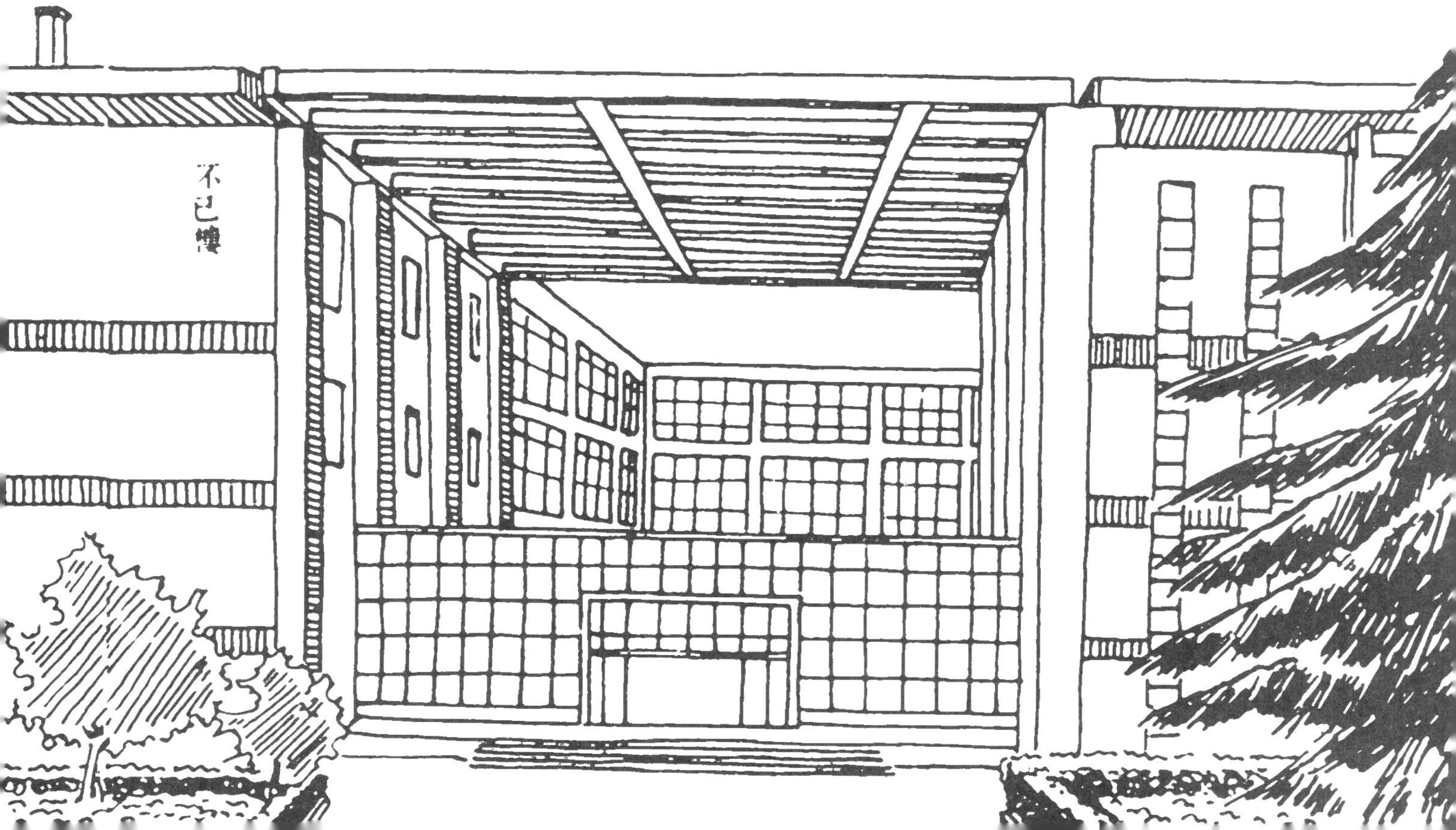
不已樓

告别学生时代近三年，大学在我记忆中的样子，是清新的空气；是上课路上长长一排香气扑鼻的槐树——那些开满鲜花的树，总会撒一地的花粉，我至今难忘，时节成熟食堂便会采下槐花做成美食；是校门口大片的丁香花；是湖上小桥下成群的红色鲤鱼；是悠悠的草地；是傍晚透过两栋宿舍楼中间那轮鲜红而硕大的落日；是彩霞；是蔚蓝；是站在四楼阳台上远望水面的波光粼粼；是割草机扫荡过后的阵阵泥草清香；是饭后散步的海边；是沙洲；是贝壳；是浪漫。

我记忆中的大学，是一饭到三饭的美食区，偌大的校园，总是把腿走酸。女生总是在楼下的巨大镜子前臭美一番才匆匆跑去上课。我的室友总爱用自行车载着我穿梭在人流中。毕业后再也住不到那么便宜舒服的宿舍了，再也没遇到过像那间屋子里那样的几个人。我们喜欢打饭回宿舍，一起边吃饭边看电影，那些年的肉片量会是因干饭而积累起来。时间流逝，冲散了我们，所幸时间也永驻，让美好的人事在记忆中发光。

二〇一九年 腊月

动画1002级 闵闵[illegible]

万寿楼（68号楼）

15年前，缘分所致，懵懂青年，胸怀大志，怀揣梦想来到南山热土，开始了他的人生之旅。社会是个大舞台，南山是个大熔炉，15年间他跟随南山的发展慢慢成长，时间长了，他对南山有了不能割舍的情感，经非常荣耀地以南山人自居，他说他的血液已融入南山。

15年间，有快乐，有忧伤，有成功，有喜悦。最让他难以忘怀的就是收获的无数次感动：在他逆境的时候总有人能够站出来拉他一把，帮他走出困境，渡过难关；人生顺境时他们却默默离开。慢慢地，他们变成了朋友，是不频繁交往但能默默关心的知心朋友。

15年后，他已扎根南山，拥有了幸福的家庭。感谢南山，感谢我的朋友！

学生处：张海刚

2017年2月

校园一角·树

微风拂过，落叶伴着书声凋零在秋末的校园，岁月静好，安之若素。

When the Breeze Blows, Leaves with the Sound of Reading Fall on the Campus. The Years Become Quite Beautiful and Peaceful.

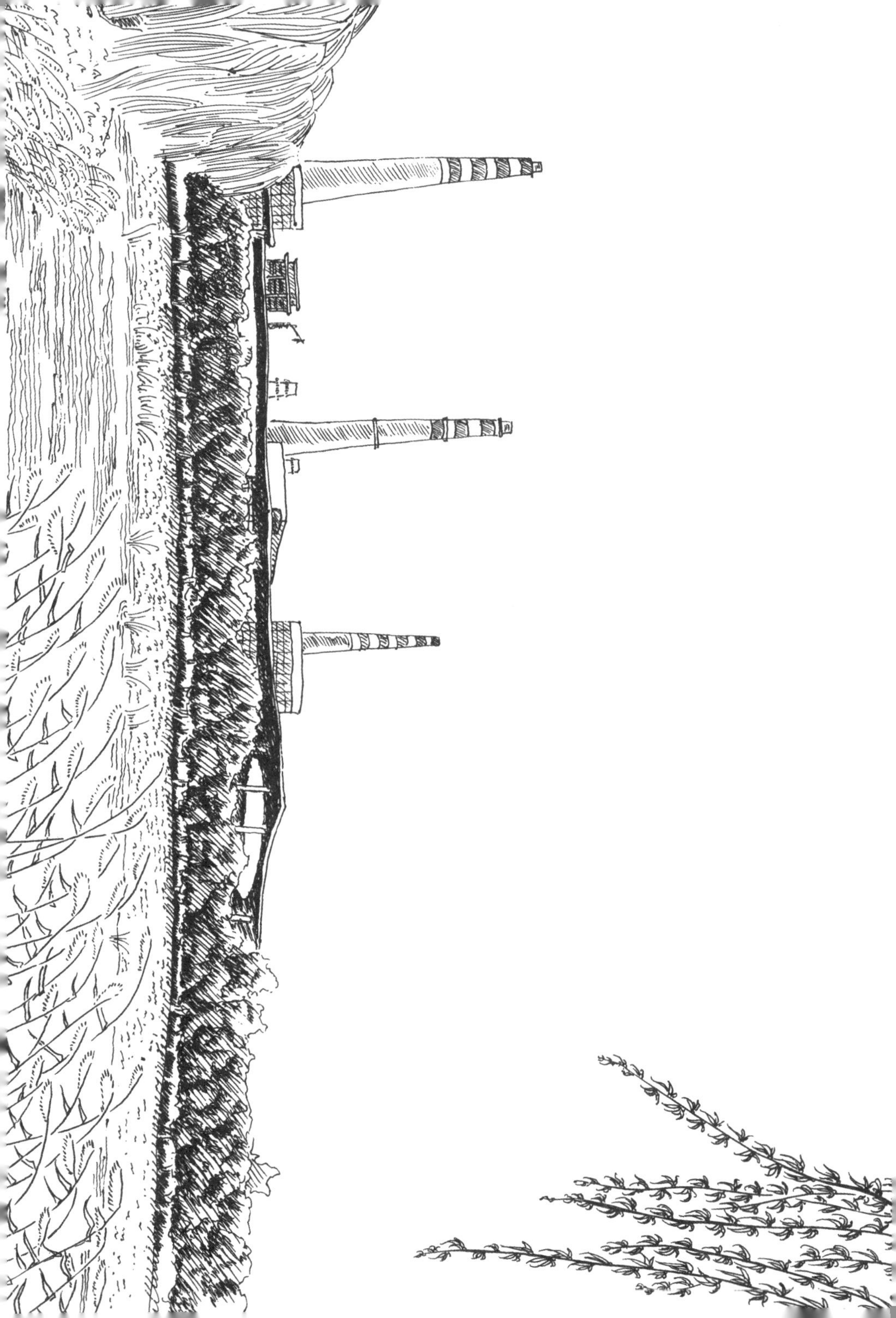

文泽湖畔远景小记

很多学校的
风景中都会出现烟囱，
南院也不例外，
烟囱仿佛成了部分高校不可或缺的符号，
有必要让烟囱入画吗？
答案是肯定的。
记得学生时代在母校美术馆看过许多画展，
黄桷坪电厂的两根大烟囱永远是艺术家在作品中表露
真情的话素，
学校东侧的烟囱是南院师生记忆里不可或缺的部分。
我想如果刻意省去
记忆的味道，就变了，
当然这份完整的记忆也包含着校外厂房机器的低吟。

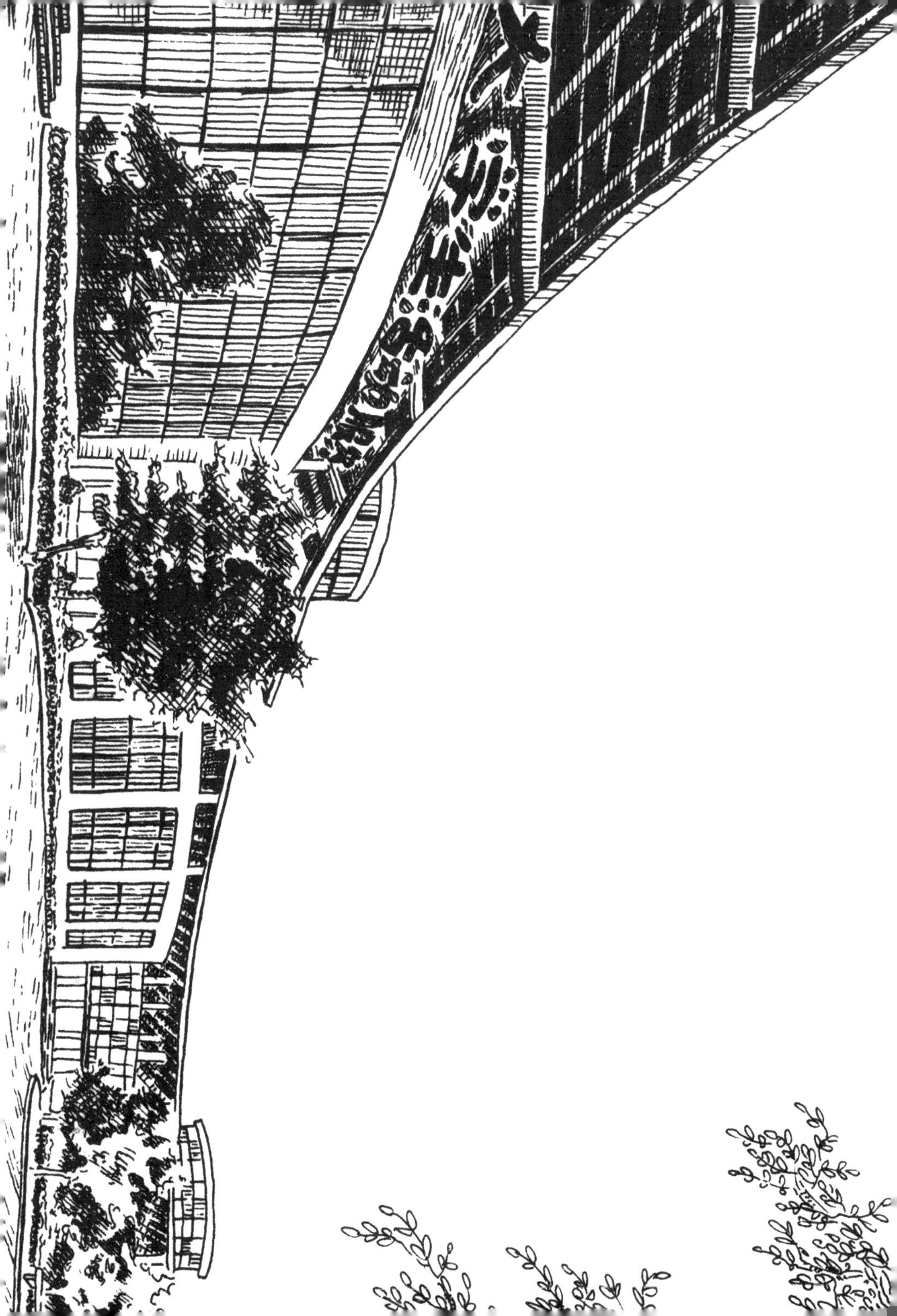

大学生活动服务中心

精彩的社团活动，丰富的课余生活，你承载着四年里我们的欢笑与泪水。

With Wonderful Club Activities and Rich After-school Life, You Are Carrying Our Laughter and Tears for Four Years.

大学生活动服务中心

在这里我们重拾因备战高考而放弃的兴趣爱好。
通过不同的社团活动结识来自五湖四海有着相同爱好
的新同学、新朋友，多彩的大学生活由此开始。
大学生活动服务中心前面的小广场是街头运动爱好者
的聚集地，
滑板、轮滑、漂移板、街舞……
几乎每个下午或多或少总有同学在追逐速度与技巧的
完美结合，
不断地失误、不断地跌倒、不断地重复，
只为动作成功后那会心一笑。
那一年，
我们正青春。

连接66号楼与湖心岛的拱桥跨过不宽的水塘，
几尾锦鲤游过荡起层层水波；
不远处的教学楼在层层杨柳与松柏间依稀可见。
如此恬静的画面是否让你赶路的脚步放慢，
静静地坐在一条石长凳上欣赏校园的美？
有时候美不在景，而在境。

南山航空学院教学楼

蓝天、白云，尽情翱翔。来吧，让我带你
梦回南山学院，飞向天际。

Accompanying Blue Sky, White Clouds and Birds' Flying,
Let Me Take Your Dream Back and Fly to the Sky.

63号教学楼的侧门边

一棵老槐树侧身依偎在楼旁，
用枝叶为进出的师生遮挡骄阳和细雨，
你未留意过它的动作，
也未向它道一声感谢。
只是与同学携手走过
留下笑声与它做伴。

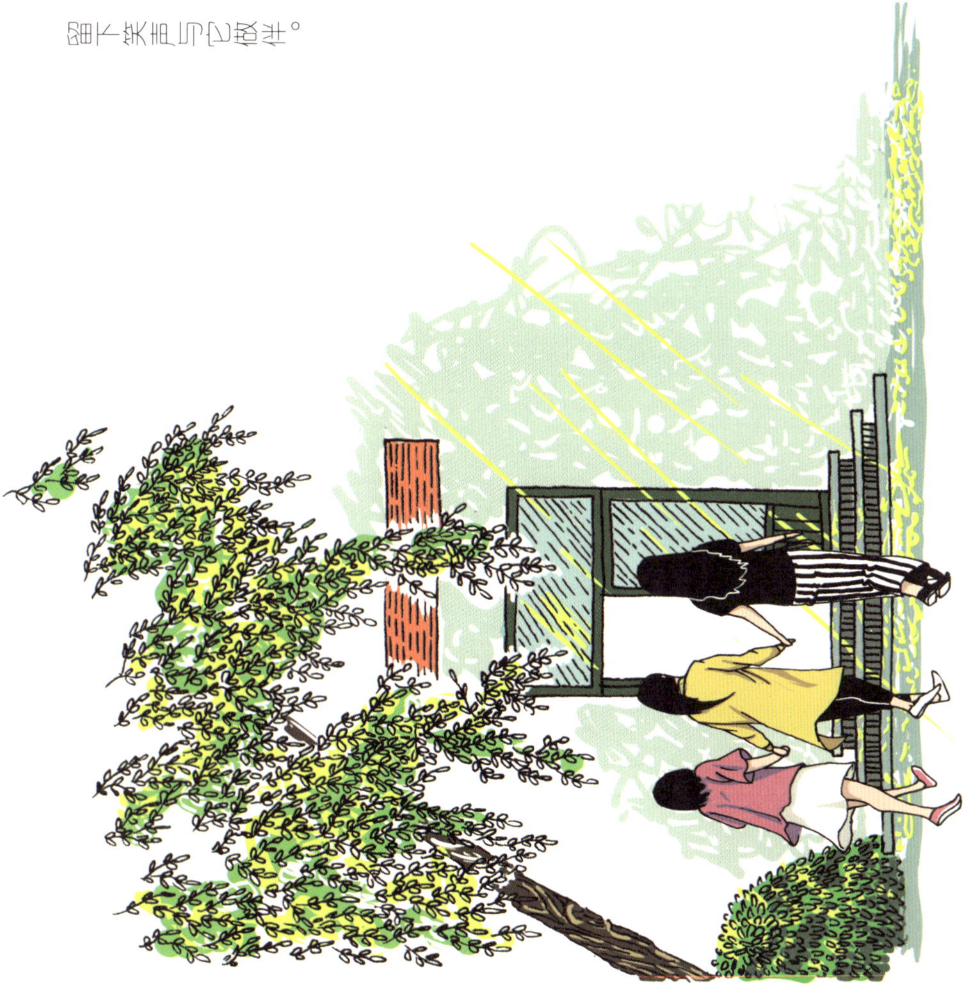

有一种颜色叫南山绿

它附着在南院的每扇窗上

透过玻璃

我看到的也是你

看到的

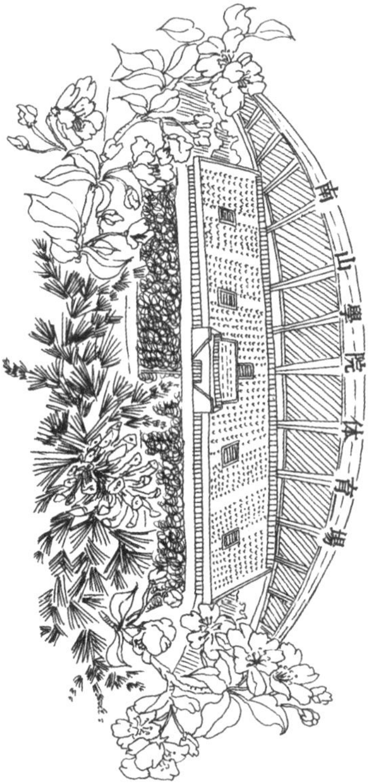
南山學院体育場

南山学院体育场

伴着初春的迎春和樱花，
北体的人开始多了起来，
有在球场上挥洒汗水的热血青年，
有相约夜跑的三两好友，
有牵手漫步的情侣，
也有某位独自散心的失恋男孩。

鲜红的跑道同碧绿的草坪，
在记忆里永远那么干净、整洁。
一位少年身穿迷彩负重背心，
头系红色束发带，
伴着外放的音乐，
高唱励志歌曲，
从我的身边飞奔而过。

若这段文字恰巧被少年看到，
我想说，
同学，你在校园里如风的奔跑，
让许多南院师生的记忆里多了一份青春激昂。

下午四时，
北门阳光里，
松针上的金色格外耀眼，
三五好友漫步在树荫下，
或去沙滩赤脚，
或去港深大快朵颐，
又或者乘上十二路公交，
去看一场电影，
不经意抬起头，
星海苑橘红色的屋顶，
显得格外醒目。

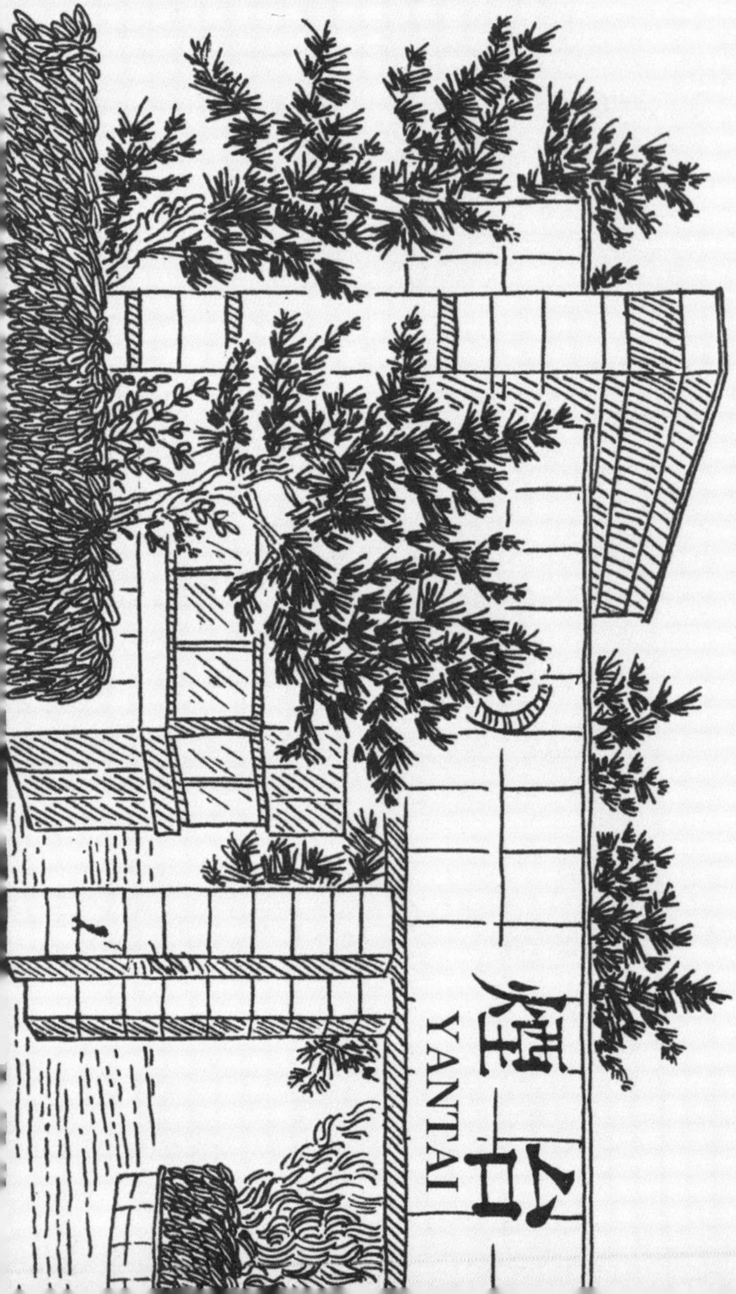
煙台
YANTAI

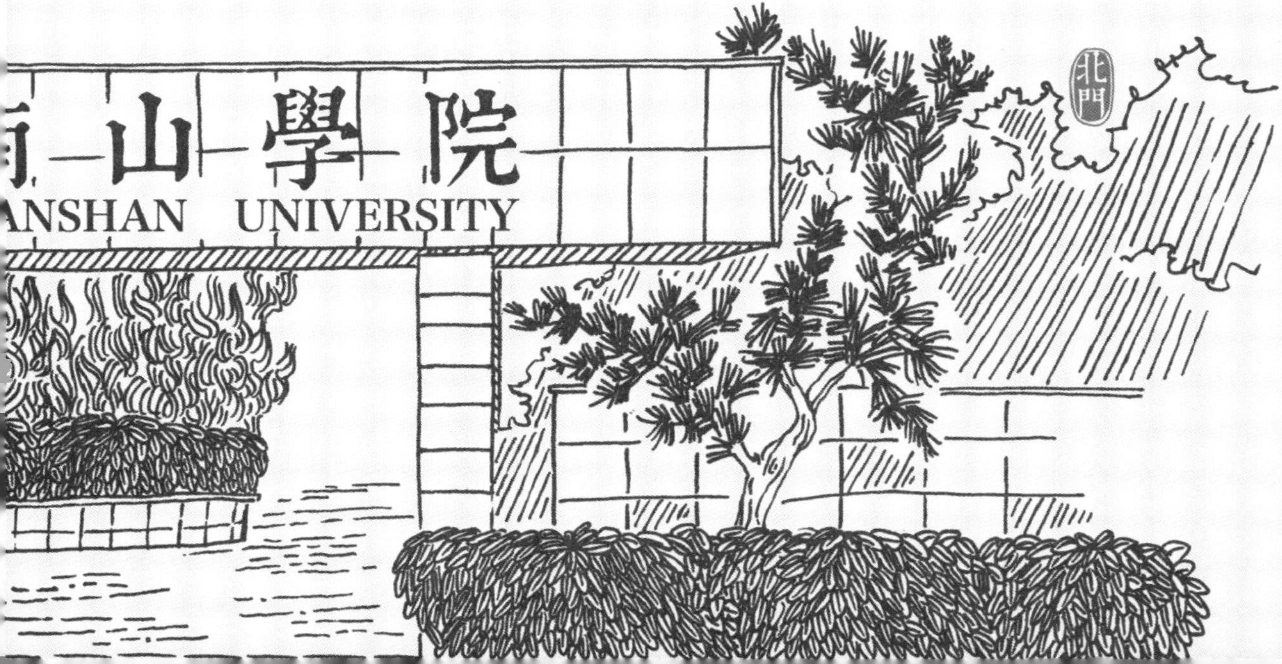
山學院
ANSHAN UNIVERSITY
北門

煙台南山學院

南山校区·行政楼

在本书的创作阶段，本以为把南院画给你看的每一幅画面、每一笔线条都要精心描绘，直到把南院写给你读才感受到原来每一行字、每一个标点都需细细回味这里的点滴生活。愿你的思绪乘着纸张翻阅的微风纷飞，梦回南院。我想此刻一切都是美好的，即使曾经的痛苦、无奈、彷徨也是美好的。

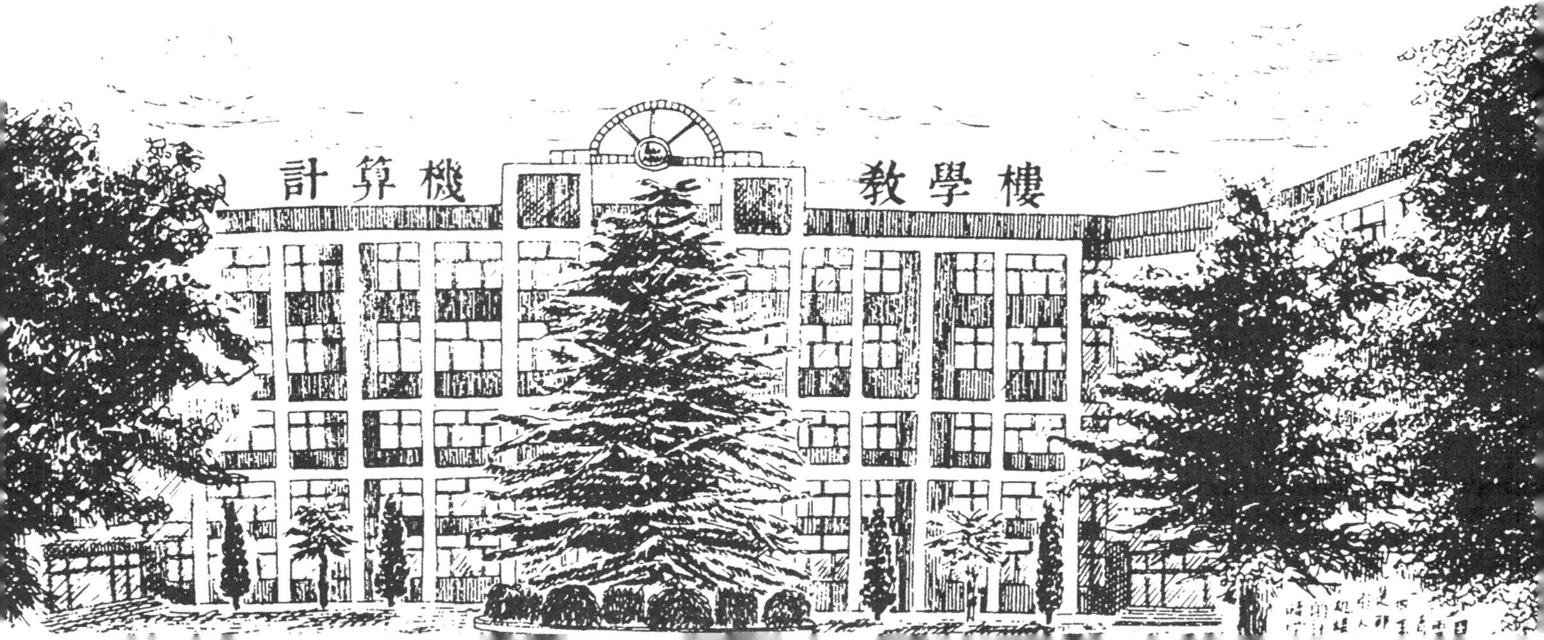
計算機教學樓

青春[1]

文/席慕蓉

所有的结局都已写好
所有的泪水也都已启程
却忽然忘了是怎么样的一个开始
在那个古老的不再回来的夏日

无论我如何地去追索
年轻的你只如云影掠过
而你微笑的面容极浅极淡
逐渐隐没在日落后的群岚

遂翻开那发黄的扉页
命运将它装订得极为拙劣
含着泪我一读再读
却不得不承认
青春是一本太仓促的书

①节选自：席慕蓉.《七里香》[M].北京：作家出版社，2010.

煙台市
南山職業技術學

中专

音乐楼、美术楼、

琴房、练功房、画室、机房，

二〇一〇级以前老艺术学院的学

生关于大学的记忆，大都与中专

校区割舍不开。

回忆里，

总有那么一群身穿红上衣黑裤子

的中专学生，

排着整齐的队伍，

唱着青春的歌儿，

迎面走来。

而今，

音乐学院的学子们，

带着对梦想和艺术的追求，

继续穿行在那条淡黄色的回廊。

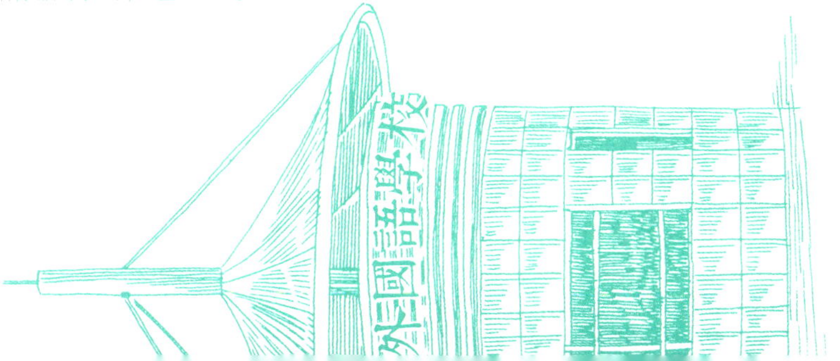

又是一年毕业季，看到宿舍楼前邮寄包裹的热闹场
面，同样没有能够和他们一同聚会，查阅以往的手机
里说说中一张张笑脸的合影，以及社交圈中朋友们离别
时的留言，自己也已经毕业十年了。思绪难平，我想到的
是，流水的学生，转瞬间，自己最美好的时光陪伴研究院的
成长，已成为研究院的“老人”。在这里，有
我见证走过了十几载，成为了研究院的一员，努力过，也徘徊过，但使
付出的艰辛，也有成长的收获，使自己始终坚守着那
学的帮助，同事的包容，导师的认可，使自己始终保持在自己的
份坚持，同事之情，师生之情已渗入自己的血液中。感恩
一切！

人文研究辅导员
邱十炎
2017.1.1

烟台南山学院东海校区体育馆

不知不觉，我已经在这个承载着我的梦想的校园里度过了十五个年头。几多风雨，几多春秋，烟台南山学院披荆斩棘，取得了一个又一个成果，获得了一项又一项荣誉，在艰难中一步步由稚嫩走向成熟，为社会培养了一大批优秀人才。希望南山学院继往开来，开拓创新，再创辉煌！

工程管理系：徐云国

2017年1月2日

南院日常

DAILY LIFE AT
NANSHAN UNIVERSITY

Nán
南
院

Nán Yuàn Rì Cháng
南院日常
——合堂教室

推开教室的门，
阳光洒满空荡的房间，
不知哪位粗心的同学忘记关窗，
微风轻抚蓝色窗帘，
逆光里的桌椅，
坐下来，
拿出纸笔，
随便写些什么，
一切变得温暖起来。

Rī Cháng
日常
——富元大道

『一年之计在于春，一日之计在于晨。』文泽湖内的凉亭是最适合晨读的地方了，呼吸着清晨略带松香的空气，聆听着耳边喜鹊叽叽喳喳的叫声，或读上一首小诗，或背诵一篇文章，美好的一天开始了。

81号楼（科技楼）

方形显示器，
蓝色电脑桌面，
不变的机房上机注意事项
似乎总有一条忘记提醒
同学：别忘拔U盘。

机房上机注意事项

一、除矿泉水外，禁止带任何食物饮料进入机房，一经发现，立即没收，不要乱吐口香糖。

二、禁止搬动主机显示器，禁止插拔键盘鼠标，不要从别的机房搬凳子。有问题请联系机房老师。

三、下课时把垃圾带走；键盘鼠标板推回；板凳放回原处摆整齐。

四、禁止自带笔记本电脑。禁止带宠物进入机房。

五、请提前保存作业，下课铃响统一关机。

请同学们自觉遵守机房管理规定，保持良好的上机环境。

八点二十分，如图

晨，七点五十分又十五秒。

经历过四次定点闹钟的轮番轰炸，团战五杀的美梦戛然而止。

五分钟完成穿衣、洗脸、漱口，带好宿舍钥匙出门上课。

七点五十七分，寝室楼下大厅，没带手机，折返。

八点零五分，一区金太阳，几个包子、一杯奶茶。

八点零八分，一路狂奔，穿过大学生活动服务中心边的小路、文泽湖畔、图书馆广场。

八点十九分，科技楼门口，机房管理教师在朝你招手。

飲食廣場

饮食广场

金太阳和棒仔堪称南院的肯德基与麦当劳，
陪伴过多少南院校友已难考证。

炸串儿、烤饼、墨西哥鸡肉卷、奶茶、牛肉馅饼……

毕业后纵使尝遍美食，
也难有当初那顿牙祭后的饱嗝，
让人回味……

那时的味道经历过青春的烹炒，
南院的蒸煮早已透味入骨不可言宣。

而今，
金太阳和棒仔已成老南院人口中的过往……

午间，
南山校区
学校食堂，
口罩与一双大手，
映衬着不锈钢餐盘，
『吃什么？』
食堂大娘问道，
伴着你不太坚定的回复，
大娘舀起一满勺菜，
又习惯性地抖了抖手，
于是午餐时间开始了。

兄弟

天南海北素不相识的几位同学因为同一个缘由来到南院，又恰巧分在了同一间宿舍，兴许是冥冥中的缘分吧。无数个不眠的夜，几位同学熄灯后窝在宿舍偷偷把酒言欢。聊理想、聊人生、聊某个他或她、聊关于青春的种种。也许多年后我们走散在茫茫人海，彼此的容貌和名字也不再记得，但匆匆那年南院的夜仍铭记于心。

在烟台南山学院工作的20个年头，亲身见证了学院日新月异的变化和"不甘人后，敢为一流，追求发展，永无止境"的南山精神，也是这种南山精神书写了南山学院的辉煌。这里有南山的壮美，东海的浩瀚，这里是全国民办高校的成功典范。我能够是南山学院的一员而感到非常自豪。

砥砺奋进铸华章，继往开来新启程，祝福南山学院的明天更加辉煌灿烂！

后勤管理部

[illegible]

2016.12.29

春季运动会与军训会演是北体
人气最旺的时候，
看台上无尽的呐喊和欢呼，
是身为南院人的骄傲和自豪。
气势恢宏的军事方队，
整齐划一的扇子舞，
惊险酷炫的飞车表演……

即使你从未参加过任何方队
表演和体育项目，
那时的情和景给你的触动，
也始终让这份北体的记忆
保持鲜活。

夜晚的路灯发着奶白的光，
伴着晚自习后步行的她。
我承想，
路灯是幸福的，
它陪伴每个孤独的夜，
也照亮每颗孤单的心。

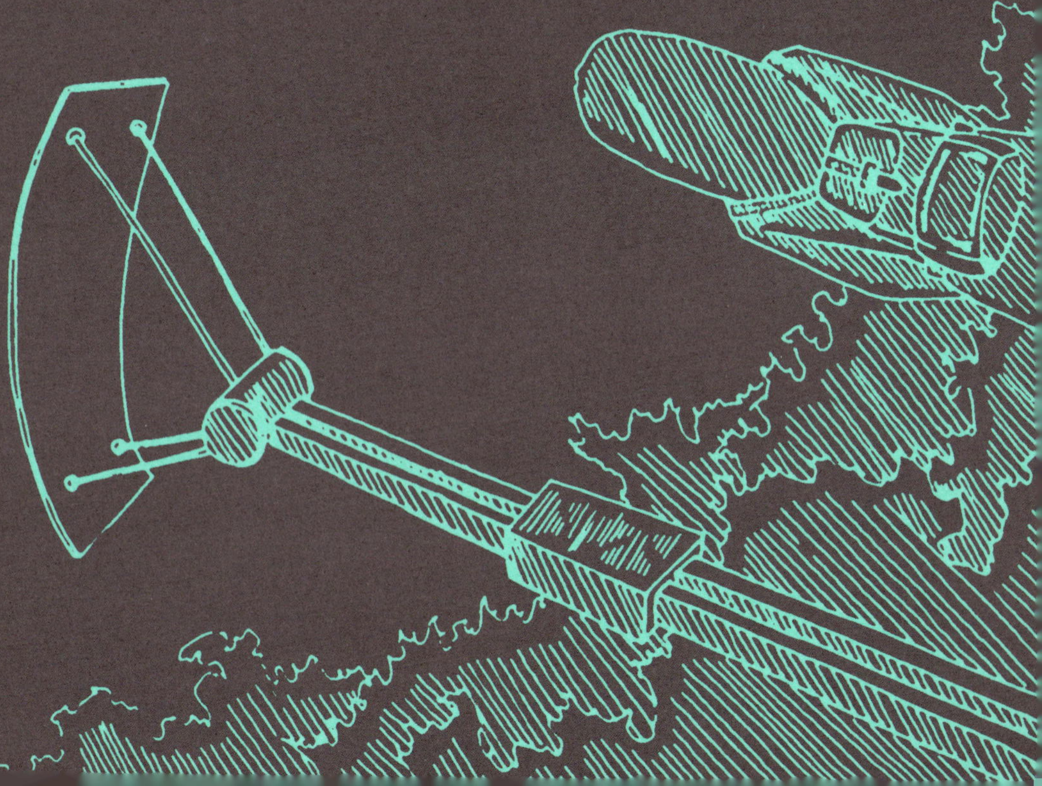

6

鲁F，烟台市车牌代码字母。南院北门12路站牌边停靠着清一色的鲁F银色面包车，司机大哥朝着走出校门的我们大喊：『黄城！黄城！五块！五块！马上走！马上走！』

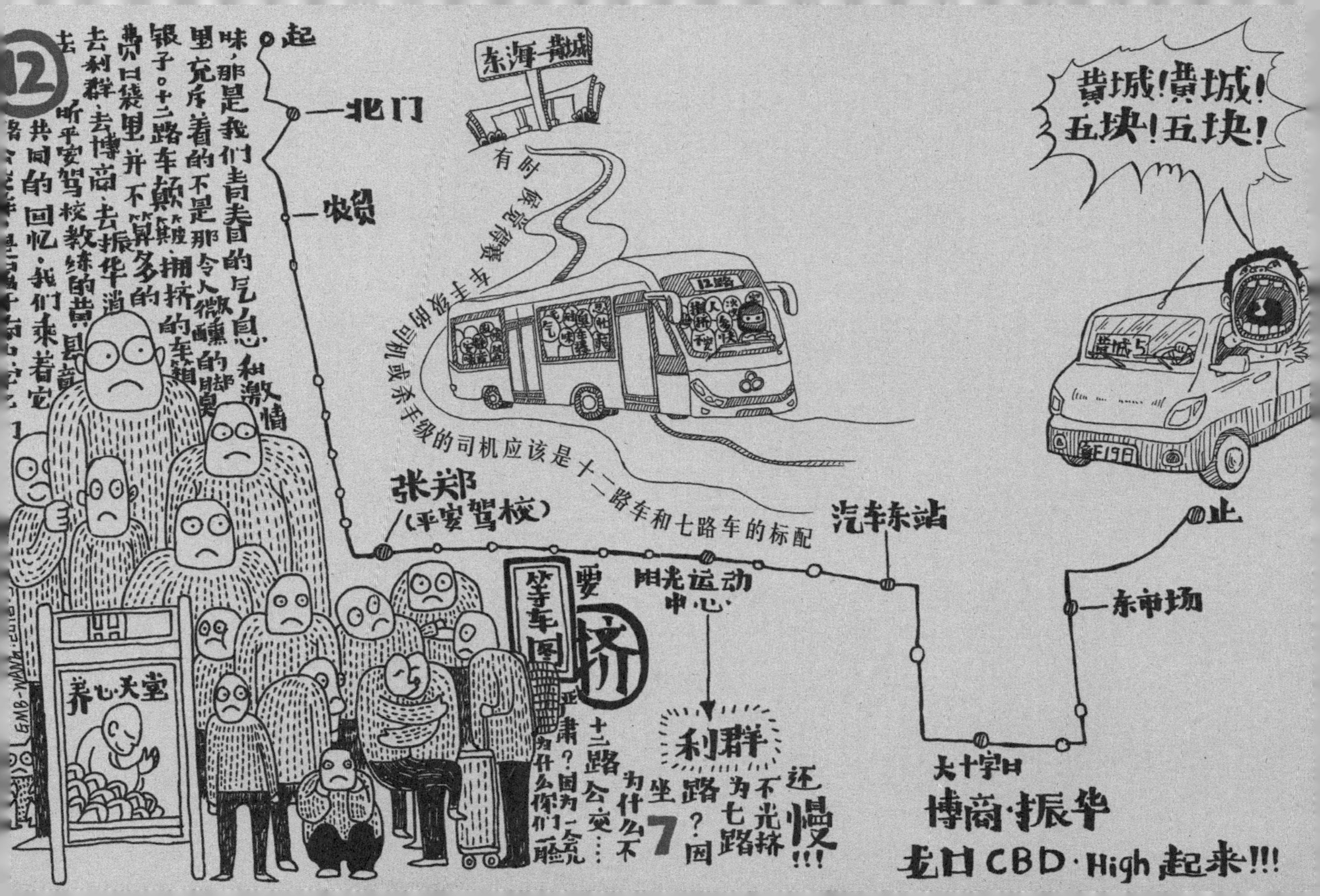

12
味，那是我们青春的气息和激情
里充斥着的不是那令人微醺的脚臭
银子。十二路车颠簸拥挤的车厢
贵只几里并不算多的
去利群、去博商、去振华消
去
听平安驾校教练的黄段
共同的回忆，我们乘着它
起
北门
收费
东海—黄城
有时候觉得赛车手级的司机或杀手级的司机应该是十二路车和七路车的标配
12路
张郑
（平安驾校）
等车图
要挤
阳光运动中心
利群
十二路公交：为什么不坐7路？因为不光还慢！！！
正肃？因为什么你们一会儿
汽车东站
大十字口
博商·振华
走口CBD·High起来!!!
东市场
止
黄城！黄城！
五块！五块！
黄城5
养心天堂

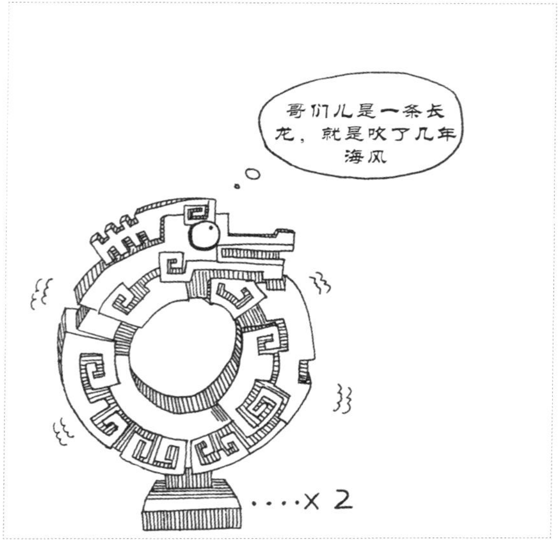
哥们儿是一条长龙，就是吹了几年海风
....x 2

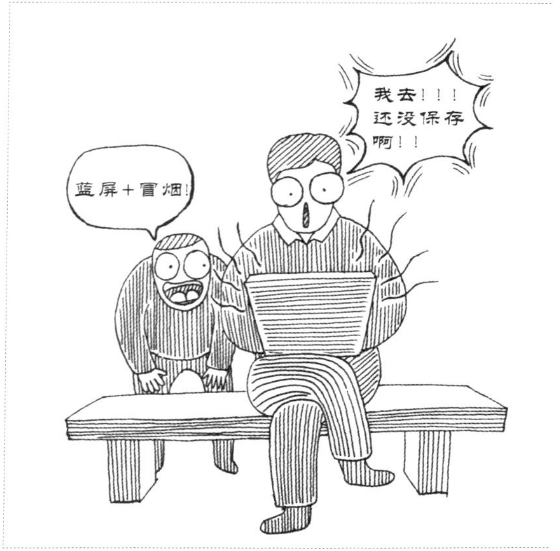
我去！！！还没保存啊！！
蓝屏+冒烟！

雕塑狂想曲

散落在校园的各色雕塑在大家的臆想中变得鲜活起来：某个阴霾的清晨，好心的同学给一区的几个雕像戴上口罩；某位同学肆意地想象正门的山石有多像动画片中的葫芦幻化的神山；69号楼旁托着腮的小姑娘在看的是什么书，二区坐在条凳上托着电脑的人玩的是哪款游戏……

南院三两语

TALKING ABOUT
NANSHAN UNIVERSITY

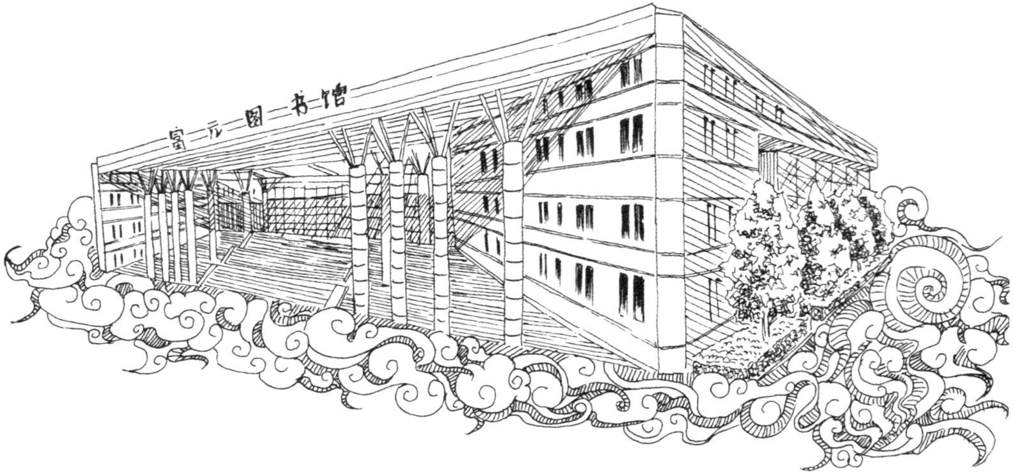
宣元图书馆

相信未来①

文/食指

当蜘蛛网无情地查封了我的炉台，
当灰烬的余烟叹息着贫困的悲哀，
我依然固执地铺平失望的灰烬，
用美丽的雪花写下：相信未来。

当我的紫葡萄化为深秋的露水，
当我的鲜花依偎在别人的情怀，
我依然固执地用凝霜的枯藤，
在凄凉的大地上写下：相信未来。

我要用手指那涌向天边的排浪，
我要用手掌那托住太阳的大海，
摇曳着曙光那支温暖漂亮的笔杆，
用孩子的笔体写下：相信未来。

①节选自：食指.相信未来：食指诗选[M].南京：江苏凤凰文艺出版社，2016.

在南山学院工作十九载，有忙有乐，累并充实着，烦并快乐着，不过这些并不能影响在这里的美好心情，感受着"忠诚 责任 勤奋 敬业"的南山精神。

人文学院
吕运鹏
2017．1．2

8

那时我们还仰望着天空，云与雾之间隔着我们的期盼，都是为了心安和相见。

后来的我们依旧在聊天，怕彼此不言，句与字之间隔着我们的流年，都是为了拉近和再见。

青春太花俏，时间在偷笑，我们又哭闹。

再回到那一秒，我们多好。

计算机科学与技术1401

贾铭麟

转眼大学已经毕业快两年了，大学时拍摄南山的第一部微电影，毕业进了一家专注企业动态影像的传媒公司拍朴传媒。我了解我的同学后突然发现大学时候我们的学习状态跟工作以后几乎一样。

我大学时候就带着社团拍微电影，对我感兴趣的事我可以研究到半夜三点，在我们公司我可以带头往前冲，做一些片子连续通宵三四天也没事。

在大学松散惯了的同学，在选择工作的时候还是延续了以前的习惯。对就是习惯！习惯如果可以改那就不叫习惯！四年大学生活一定会养成很多"习惯"。

大学时期我认为："我旁边的同学学习这么好，但是以后他不一定混得比我好。"我相信这也是现在很多人的思想。

但是现在我会说："这是错误的！"

他们养成了一个工作中巨大的优势："学习能力"在社会急速变化的时候，这个能力尤为重要，这有可能就是10-20年我们拉开差距的重要原因之一。

但是大家一定要广义地看待大学学习，不止局限于书本知识的学习，努力做一件事也是，比如组织一次活动、上台路演一次，甚至是全心全意地追求一位女生，都是在一次次地成长。

大学学习是一种处事逻辑的形成！

二〇一六年腊月初八

机设11级7班

康龙

十年

转眼间，我来南山步入讲坛已十年整，岁月把初涉讲台的青涩打磨成胸有成竹的干练。《礼记·中庸》中说"博学之，审问之，慎思之，明辨之，笃行之"，是我非常喜欢的，而回顾十年来我的教学成长，博学我还远不能达到，但是"虽不能至，心向往之"，以勤思、笃行的一种状态行走在我的专业成长道路上。

人文学院

张[illegible]

2010年一月八日于南山.

砥砺、德馨、笃行、志远、春华、秋实、慎问、谨思、明辨、博学、探微、励学、恒远……苍劲有力的箴言镌刻在造型各异的景观石上，默默地警醒着来往的学子，也许你不知道它的出处，但总能读懂它的深意。

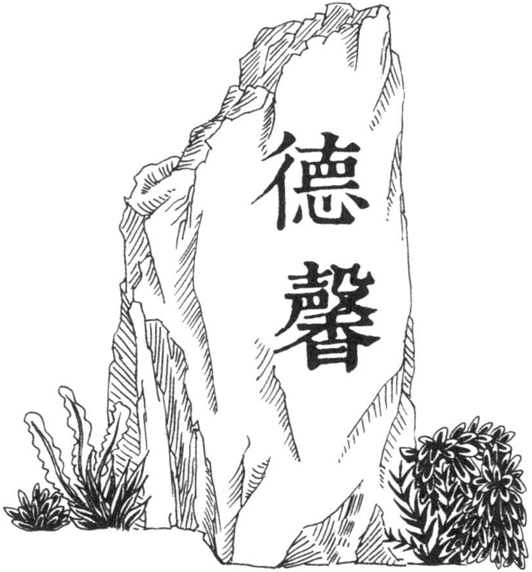

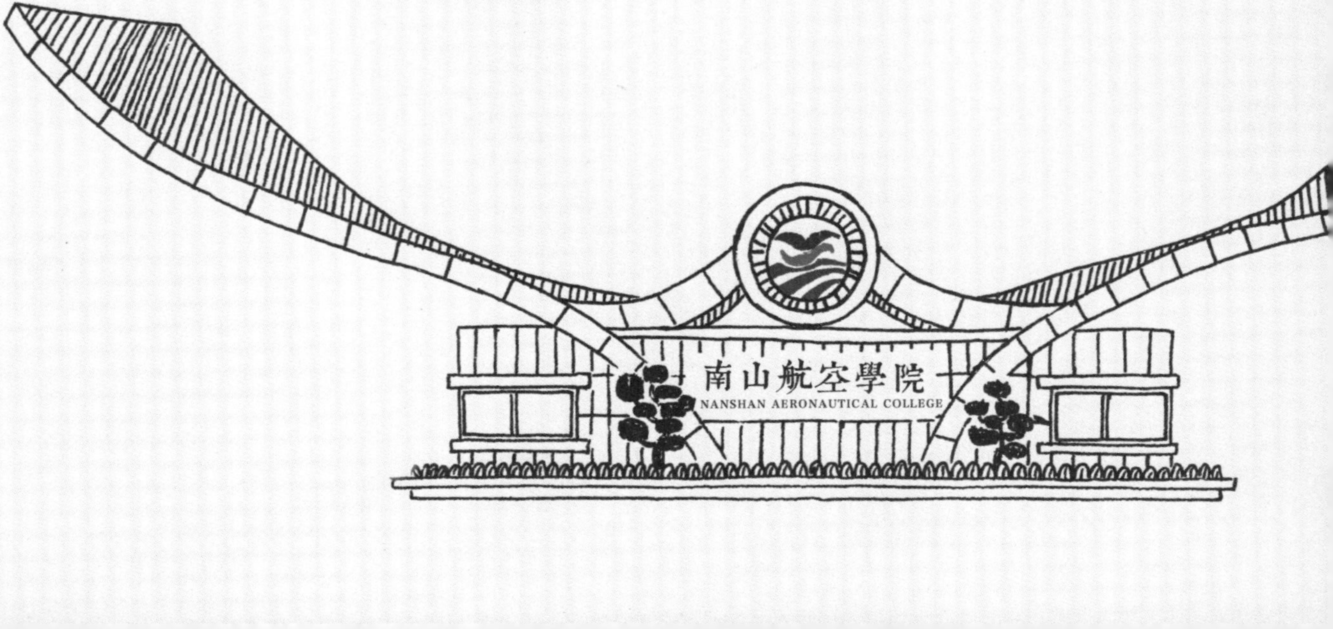
南山航空學院
NANSHAN AERONAUTICAL COLLEGE

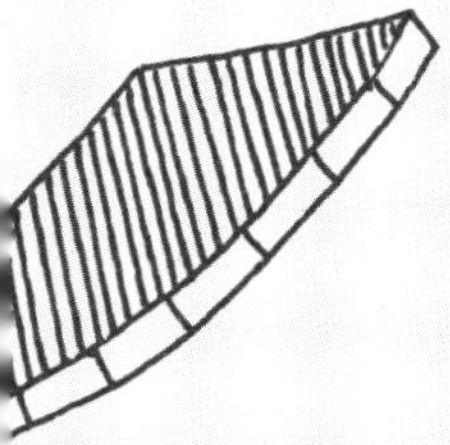

老教授奋笔疾书挥洒淋漓，黑板上特征向量的风声鹤唳，我们脑袋埋在课桌叽叽喳喳不停，腼腆的姑娘弹起吉他唱起了歌谣。窗外四季上演，花儿忙着绽放，忘记了春天是怎样离去的。但我知道，这里的一切都已经与我的生命无法割分。

时间一直走，走到后来才明白，青春，无论怎样度过，都是虚度的。然而就是在这兵荒马乱热情泛滥，少年们一往无前奔跑的时光，埋下了足够让后来的我们想起都会热泪盈眶，足够用整个余生去回味的种子。它在我们前赴后继告别青春的那刻开始，蓬勃生长，遮挡住后来全部人生里的迷惘与纷扰。

航空学院飞动1501 孙成龙

2017年1月

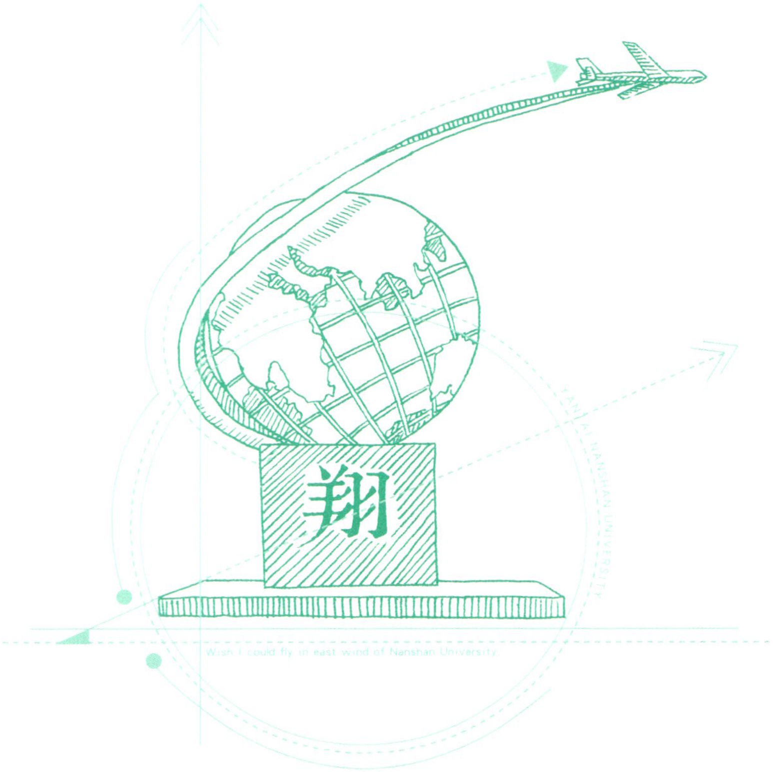
翔
YANTAI NANSHAN UNIVERSITY
Wish I could fly in east wind of Nanshan University

记得那年九月，开学典礼暨教师节庆祝大会在南山大学体育场隆重举行。当五星红旗在国歌声中缓缓升起，全场肃然，初为人师的我被眼前的场面深深地震撼着，那一刻，我突然感悟到，教师才是我此生最想要的职业。如今，我已经在这片土地上度过了十一个教师节，我深爱我的学生，我珍惜每一次登上讲台的机会，我愿意为自己珍爱的事业全力以赴。

感谢南山大学对我的培养，感谢学生们伴我成长。祝愿南山让更多人的梦想起飞！

工程管理系　康欣燕

2019.11.20

我是南院14级的学生，2018年就要毕业了……

2008-2018，十年，从初中到大学，从青涩到成熟，

我用十年度过了青春中最美的时光。

十年青春两茫茫，不思量，自难忘！

在很多很多年后的夏天，我想我依然会记得那年盛夏

初识南院的样子。你的26年，我的4年，谢谢

你出现在我的青春里，也祝愿所有南院的

学子们，下一个十年会更加精彩！

Sunshine

人文学院外语系
英语1402班
徐小妹

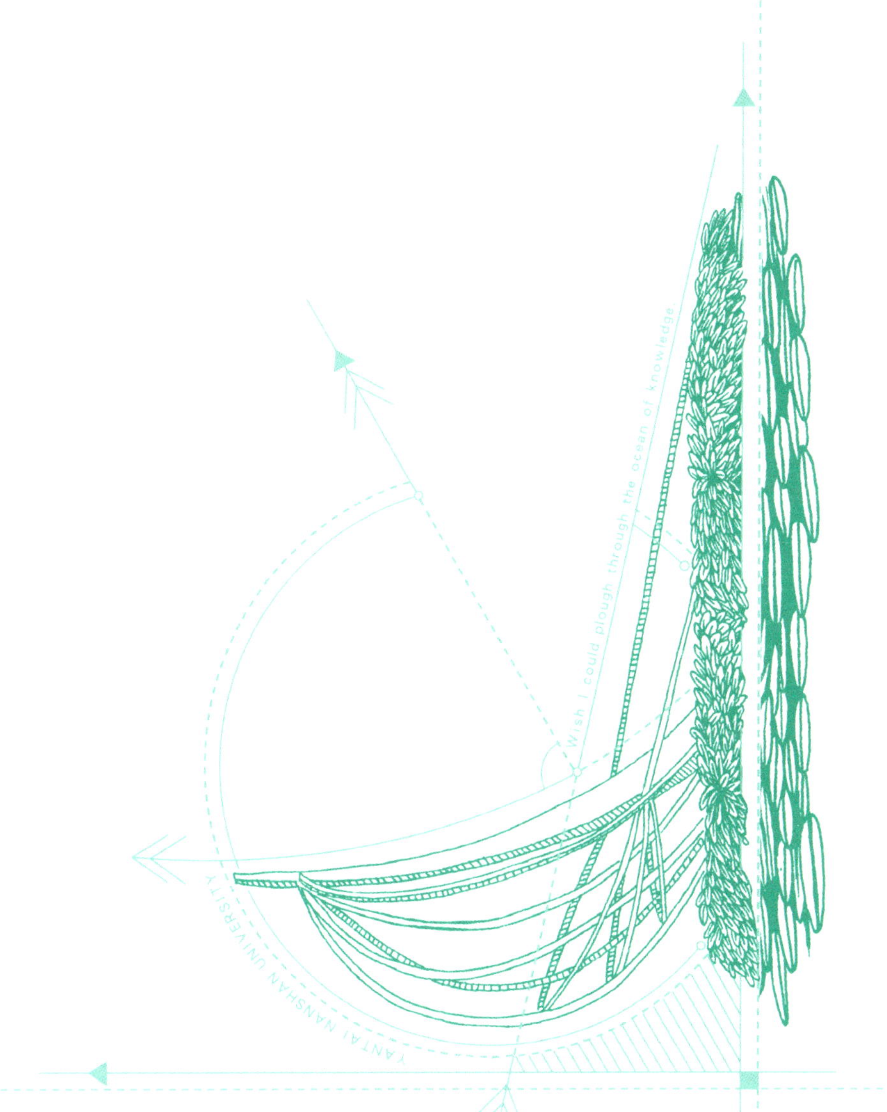
Wish I could plough through the ocean of knowledge.
YANTAI NANSHAN UNIVERSITY

致亲爱的母校：

2003年，我来到了南山学院，开启了我的大学生活。三年的学习时间很快就结束了，转眼间现在工作已经十几年了，大学的生活是难忘的，也是一去不复返的，时常回忆起那美丽的校园，干净的街道，一张张友善的同学的面孔，还有那一位位博学睿智的老师，当然还有每天都要吃的“豆腐块”。常常想如果有时间一定再回学校的教室去坐一坐，体会一下当年上大课的感觉，再住一次宿舍，尝一回当年的“豆腐块”，食堂现在我依然怀念着“豆腐块”。现在回想起来仍然非常感谢学校对我的培养，感谢学校严格的纪律，工作这些年来一直受益着。我想即使若干年后，当我满头白发还依然从事着我这份工作的时候，那时，我会更加骄傲和自豪，骄傲于我曾经在南山学院就读，自豪于学习了旅游管理这门专业。

王双，03级旅游管理2班．
现就职于东航海云酒店．

时光荏苒，岁月悠悠。从2002年踏进校门至今已有14载；回首往事，感慨万千。学校从最初稚嫩的幼苗，沐风栉雨茁壮成长，直到今天的生机勃勃，光芒绽放。多少个日日夜夜，风风雨雨我们一起走过。作为学校无比平凡的一员，我愿用心祝福秀丽宜人的南山学院永远充满活力，明天更加辉煌！

商学院工商管理系

李爱宁

2016年12月29日

转眼间好多年过去了，
非常怀念曾经跟老师及同学们在一起的日子。
踏上社会之后才体会到老师曾经的教诲；
才懂得老师很多的用心良苦
感谢老师多年的辛勤付出。

未来很美好，
希望老师在以后的日子里
心情开心，永远年轻

03级计科本 周[illegible]
2017年02月27日

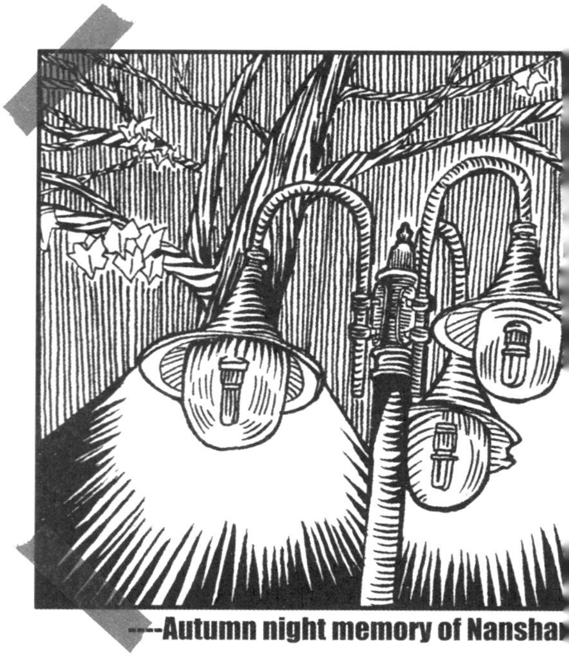

也许是时间的原因，同东海校区相比，南山校区的路灯更具年代感和画面感。时间剥落路灯的一些漆面，又把灯罩吹得泛黄粗糙，甚至连整个灯柱也被侵得微斜起锈。深夜，路灯泛着微光，后面的梧桐在秋风里有一片枯叶落下，静静的校园只有虫鸣和落叶声。一切都定格在落叶的瞬间，那么静，那么美。

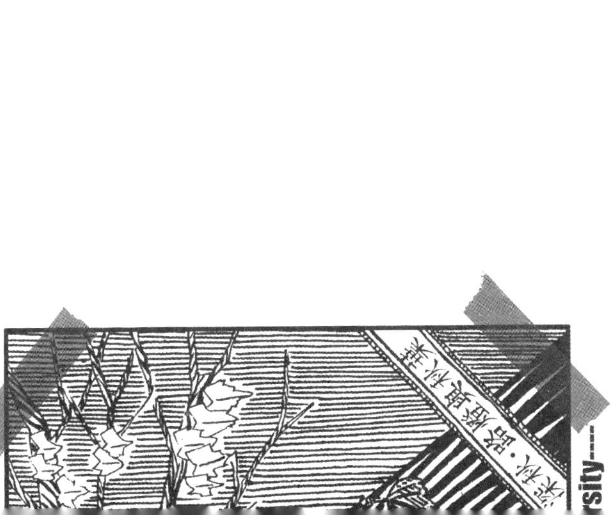

东
海
体育场
道
大
明
渠
六
合
62号楼
63号楼
松涛苑
（第一生活区）
大学生活动服务中心
北
南
湖心岛
道
大
北门
66号楼

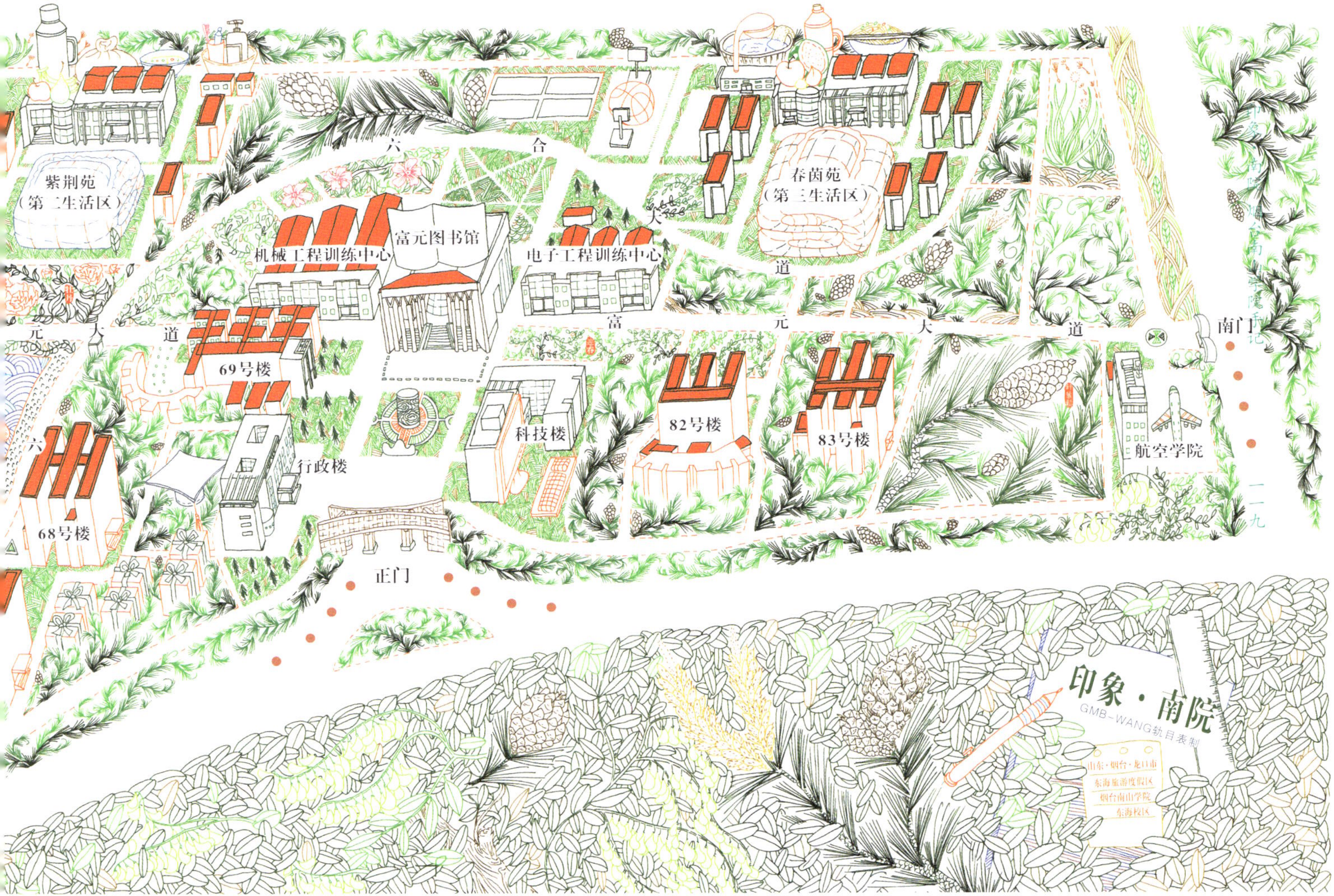
印象·南院
GMB-WANG轨目表制
山东·烟台·龙口市
东海旅游度假区
烟台南山学院
东海校区
南门
航空学院
正门
富元大道
六合大道
紫荆苑
（第二生活区）
春茵苑
（第三生活区）
机械工程训练中心
富元图书馆
电子工程训练中心
69号楼
行政楼
68号楼
科技楼
82号楼
83号楼

行……从规划到实现的过程烦琐但不枯燥。创作中我几乎逛遍了南山学院的各个角落，结合个人审美情趣去构思属于南院人的日常。绘画工具从最熟悉的0.7炭素笔到0.35炭素笔到0.5碳素笔到1.0炭素笔再到书法软笔和钢笔……进阶式地呈现出带有实验性质的线体绘画语言。当然，为了呈现某些情景也在摸索探视多种技法的融合，借鉴不同流派、不同艺术家的『画语』：凡·高、葛饰北斋、歌川国芳、《三希堂画宝》《芥子园画谱》、弗兰克·米勒、比亚兹莱、几米、Tugboat版画、超扁平插画风、穆作恩钢笔画、圣经石版画……就这样在思索的笔尖下呈现出一张张带着实验性质的手稿。每日23时准点拿起画笔，到凌晨2点为女儿们换尿片、盖被子，睡觉，早上7点左右起床上课，周而复始的6个月后，被自己最终确定下来的150余张手稿于2016年12月13日完成。期间，通过微信和网络知道相熟的、认识的兄弟、朋友、同学、同行有的继续潜心作画，有的作品入选国家艺术基金资助项目，有的又搞了个展，有的成了美术馆副馆长，有的去做了动画电影，有的在生活中从曾经的理想主义者转变成现实主义者，放下敬畏与专注，卖弄着拙劣招摇过市……为在路上的人感到欣喜，为无知无畏的人会心一笑，也在想自己抛开了一直坚持的风格与主题，在语意、语境、语素等一切与绘本相关的围城里涂写，值，还是不值？为什么我要选择这样一条小众的路线？为什么要坚持自以为是的操守？为什么不跨出迈向所谓滚滚红尘的第一步？为什么？为什么？于是开始重读凡·高手稿，开始在画

《印象·南院》的创作阶段，充斥着情怀与现实的碰撞：日常教学VS创作时间的对垒，每夜凌晨的坚持VS夫人的抱怨与默默支持，母亲的不解与心疼，女儿们一天天成长中不称职的父亲角色……凌晨两点已过，我在想这一切值得吗？应该值得吧。

凡·高在给提奥的信中有一段话直译如下：「我画画不是为了功名利禄，而是为了给人世间留下美好的素描和色彩。」俗人自然没有凡·高的境界，本着创作就是要变现的理念，我陆续绘制出南山学院手绘地图、手绘明信片，出于种种原因均未实现落地转化。直到某天看到大水绘《吾城武汉》，我想既然都做到鸡肋的程度了，那就干脆玩儿次大的，一次把南院画完，也算是为自己的这次偏执画上一个句号。换个角度亦是给毕业的、没毕业的、即将毕业的南院学子，在职的、离职的、即将离职的南院教师一份有情怀的、有腔调的礼物。它需要静静地去看，去读，去回忆；用我不高明的「画语」触动你内心深处关于青青校园某个暖暖的瞬间。再者也给学生们打个样儿。毕竟专业教学需要的不光是经典案例，身边的才是最真实、最典型的。

于是《印象·南院》完成了前期策划，开始略带痛苦地创作执画时听人文访谈，开始试着不去想这些问题。心，开始静下来。我，只是在而立之年画下一个符号，记录一段旅程，留下一道印迹，为南院师生奉上一份有情怀的、可以带走的记忆载体，仅此而已。

健龙记于东海旅游度假区

2016.12.17凌晨

南院植物志

THE COLLECTION OF
PLANTS AT NANSHAN
UNIVERSITY

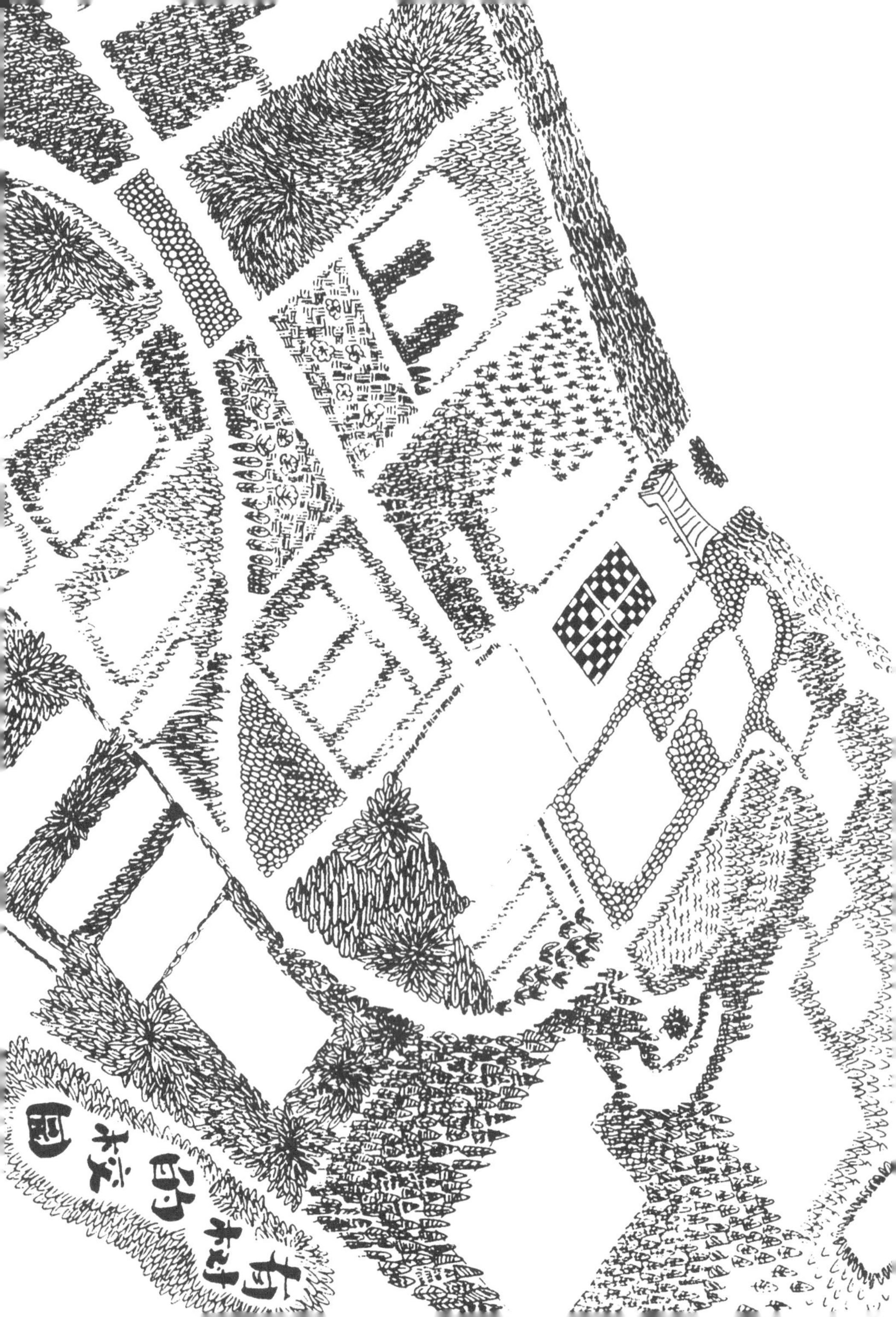
有树的校园

有树的校园需要用心去感受。放眼校园，几乎找不到没有树的外景。松、柳、杨……有树的校园在每个日出的清晨总让人觉得恬静。我一直觉得用松的形容南山学院印象最为贴切，并不单是因为松的多，更因为各种植物同松的搭配，有如音符伴着韵律在谱写着南院的乐章。

玉翎管

金皇后

中秋前后，南山校区的菊花渐次开放，黄的、白的、紫的、红的，不同的品种及花色竞相摇曳在暖秋的校园。饱和的色彩在阳光的映射下越发耀眼，引得急行的人都要扭头看上几眼。

有时我在想，如果植被信息的铭牌挂在校园不同的植物旁，应该是件很浪漫的事。试想南山学院的学子某天牵着自己孩子的小手告诉她（他）："这种植物叫玉翎管，是菊花的一种。以前爸爸（妈妈）读大学的时候，一到中秋，学校里的玉翎管就……"温馨、浪漫的南院故事就这样在不经意间传播开来。

菖蒲，又名香蒲草。在东海文泽湖边傍水而生，无论初春、盛夏还是晚秋、寒冬，在六合大道行走时总能看到它伴着不高的芦苇同远处的大学生活动服务中心相映成趣。

「采艾以为人悬门户上，以禳毒气。」出自《荆楚岁时记》，自从在校园认出它后，每个端午，我都会去采上一小捆挂在门口祈福辟邪。南山的艾草大抵是因为沙质土的原因，都长得相对低密且矮小，但这并不影响它的药用价值。在五月的某个清晨采上些许，趁着正午的阳光晾晒成干，待到入冬就可以煮水泡脚、养身驱寒。这或许是南院学子的小确幸。

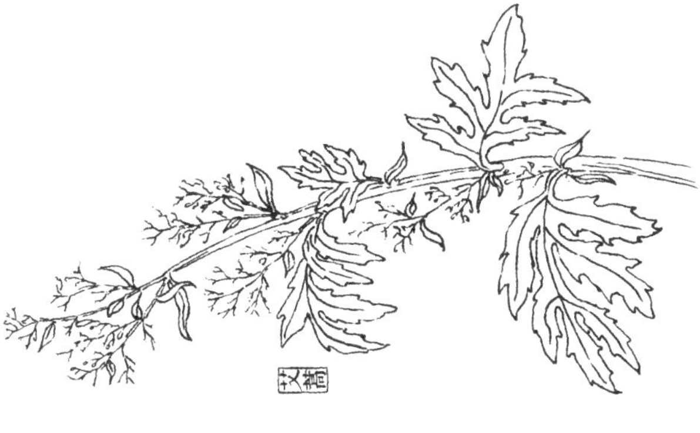

校园松林里生长着一种「拳头大的」蒲公英，有心的同学看到后会拍照、采摘，然后吹一口气，让它散落风中。这种植物学名叫鸦葱，可入药，具有清热解毒、消肿散结的功效。常用于疔疮痈疽，乳痈，跌打损伤，劳伤。我想作为一株鸦葱，当被叫着自己的名字而后吹散风中时也是快乐的，毕竟它没有被误认作蒲公英。

画册终于成形。一年多里，白天教学，空闲时间画两笔，深夜2～3点休息，天天如此。每天陪孩子们的时间少之又少，2个小时已是奢求。幸好孩子们在这个成长阶段对母爱的需求多于父爱。陪伴是最美好的爱，陪伴是最长情的告白，王老师这段时间亏欠家人太多了。

我很佩服王老师的毅力，他说画画要耐得住寂寞，青灯黄卷是一种修行。只是一个人的修行，却拿走了两个人的时间，我成了生活的陀螺。虽然一年多的时间里，我变成了身宽体胖，刀枪不入，全能型的黄脸婆，但是画册顺利完工了！军功章可以分一半给我了！

愿王老师在绘画的道路上越走越远，越走越平坦。乐难顿断，苦无尽头；韬光养晦，厚积薄发，共勉之。

向玉玲

2017.2.27

六合大道
煙台南山學院
南山大學體育場
明渠教師公寓
第一生活區
邦家樓63#教學樓
德音樓62#教學樓
六合大道
末名野草園

南院动物志

THE COLLECTION OF
ANIMALS AT NANSHAN
UNIVERSITY

时光荏苒，岁月如梭，来到烟台南山学院已经十二年了，我最美好的青春都奉献于此，无怨无悔。因为我发自内心地喜欢她，在这里我感到充实，我得到成长，体会到学生带给我的幸福。望过去，展未来，我愿与她一起奋斗，谱写新篇章！

吕春莉，旅游管理系

2016年12月31日

盛夏的夜晚，漫步南院总能听到路边草丛发出类似打呼噜的声音。这是南山学院的刺猬们开始外出觅食了。在东海，没有见过刺猬肯定会是你大学生活的遗憾之一。习惯了城市生活的大学生们也许没有时间或机会去乡间、去野外恰巧碰到一只真正的刺猬。而在南山学院，向来喜静的它总会选择在某个夜里悄悄走在草丛边，等着给细心的你突如其来的小惊喜。

东海畅游

PLAYING IN THE EAST SEA

后海小景

东海，南山学院的后海
阳光、沙滩、漫步、垂钓、海鲜……

The Eastern Sea, the Sea behind *Nanshan University*,
Sunlight, Sand Beach, Walking, Fishing, Seafood …

观海听涛，在南院不是什么奢侈的事，
四季的东海都有你我的身影。
这片海迎来送往过多少南院人已然难以计算，
如金沙乘着海浪积满沙滩，
又在退潮时就着涛声重回大海。
东海依旧是东海，
现在的你是否还记得东海边观海听涛、
随风奔跑的那段日子？

东海

南山学院的后海，
从北门步行20分钟左右。
伴着夕阳，
赤脚走在沙滩，
风带着一丝海腥拂过双臂，
海如老友一样亲切拥抱你，
高兴时同它分享，
沮丧时向它倾诉，
愤怒时对它狂吼……
而后，
海浪伴着潮去潮来
分享你的愉悦，
安抚你的伤感，
平息你的怨念，
一切归于宁静，
海浪依旧，
海风依旧。

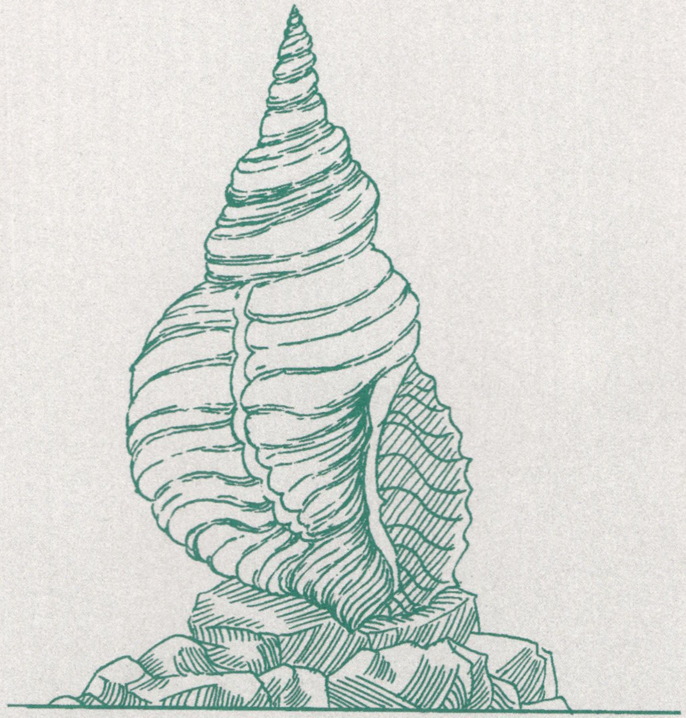

南山学院的校园爱情总有那片海相伴，
托起、放飞、远去、消失，
孔明灯上爱的誓言，
在星火里，
在海风里。

认为：对待『山寨文化现象』我们应该在『科学发展观』的指导下，剔除一些糟粕，采取包容之心态，批判地吸收和接纳。这让我想起了一句广告词：『听说，下雨天，巧克力和音乐更配哦。』

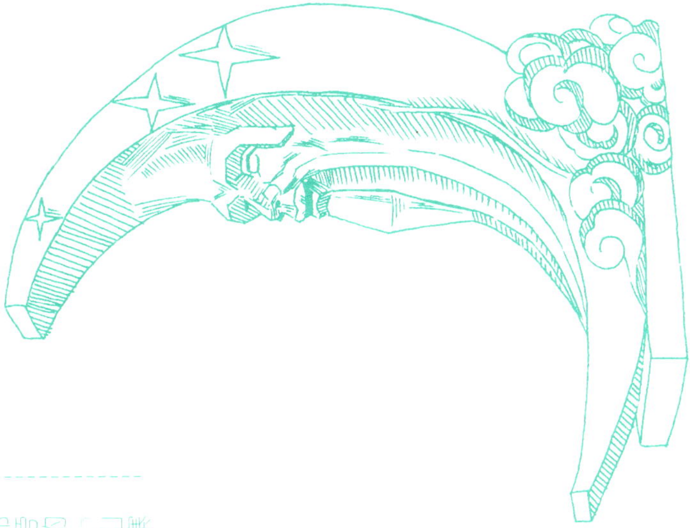

东海游艇俱乐部旁的「山寨版」埃菲尔铁塔在我看来算是东海必逛的景点之一了。顺着沿海路在望江楼的丁字口拐入，游艇、「埃菲尔铁塔」、天使雕塑、欧式建筑、海滨、垂钓，让人仿佛置身国外。

某些满口誓表嘲讽「山寨」的游客或同学，一边说着一边把手机调成自拍模式，就着这山寨的铁塔踮起脚或让一缕长发故意从脸边划过，熟练地按下至少十次快门，而后精挑细选一张发朋友圈或微博去了。社会学家艾君

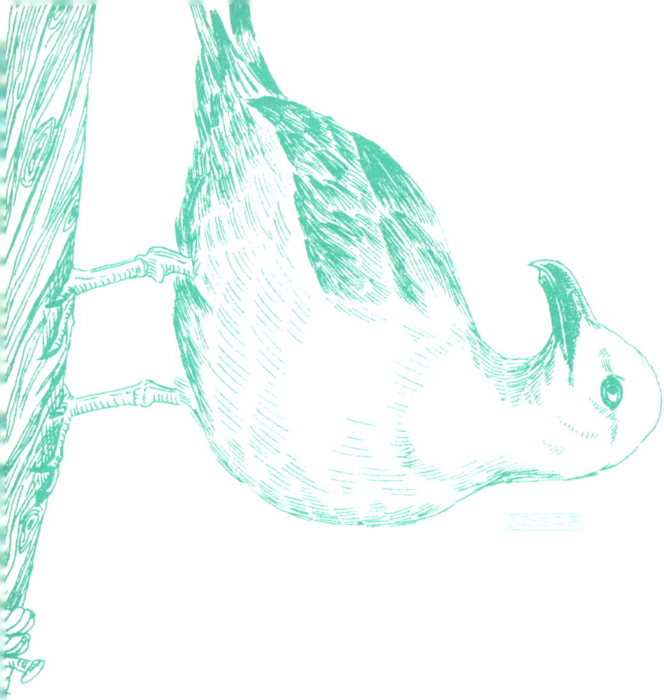

桑岛篇

THE CHAPTER OF
SONG ISLAND

桑岛

桑岛

总面积1.875平方千米，

最高海拔9.2米，

海岸线长8.5千米，

四面环海，

东与蓬莱、长山列岛相望，

西通龙口港，

北是渤海湾，

南离港栾码头3千米，

西北端830米处有依岛

面积0.0375平方千米，

最高海拔5.8米。

以上数据均参见山东省龙口市志编纂委员会.龙口市志[M].济南：齐鲁书社，1995.

鲁龙渡9

往返于桑岛与港栾，不大的船客货两运，既载着岛民的生活也乘着游客的好奇。伴着船舱里的乘客的聊天声、发动机的轰鸣声，桑岛近了。

登上桑岛，回望高楼林立的东海，一种只能意会的释然和感慨油然而生，恐怕只有亲身经历过才能体会。岛上的节奏很慢，所谓景点大都保持着原生状态。桑岛的美在我看来更多的是质朴，是纯真，是实实在在的渔家岛民生活美。沙滩上待修的渔船、渔家民居、人民公社时期的建筑、老旧的灯塔……

来一次桑岛吧，它定给你别样的感受。

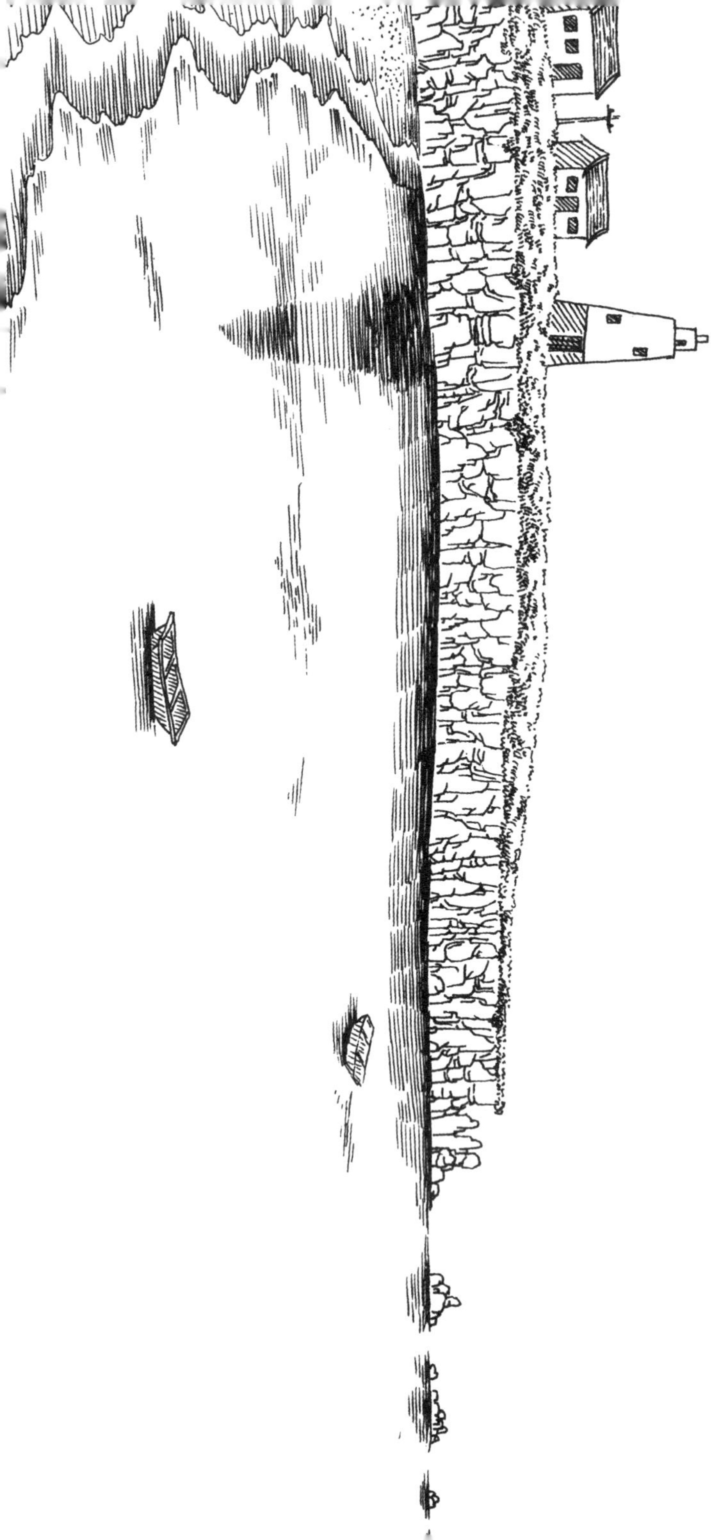

桑岛村

龙口市唯一的海岛村庄，
岛上有600多户家庭，
人口2000以上。村民多以渔业为生，
近些年也开发了养殖及旅游。
岛上海滩多玄武岩，是理想的「赶海」场所，
岛南金沙铺底，是天然的海水浴场，
岛东、岛北怪石嶙峋，如削如切，
与隔海相望的楼宇形成强烈的反差。
关于桑岛名字的由来，一说它形同桑叶而得名，
一说「岛中多山桑」，故名桑岛，
也说「桑」字取沧海变桑田之意。
登陆桑岛需要坐船，
船程不长，仅需十几分钟，
略远于厦门与鼓浪屿的间距，
而就是这不到两海里的间隔，
让这座美丽的小岛保留着原生态的质朴。
2015年该村被命名为第二批山东省省级传统村落。
2016年文化部、国家旅游局等部门公布桑岛村为第四批中国传统村落。

以上数据均考自山东省龙口市史志编纂委员会.龙口市志[M].济南：齐鲁书社，1995.

桑岛
港栾
烟台南山学院
南山东海旅游度假区

漫步南山

STROLLING IN NANSHAN

壽比南山

清晨，
南山控股入口
国风牌坊，
干净的柏油路，
郁郁葱葱的法国梧桐，
大学的篇章从这里开启……

南山商业街

2014年前后，南山校区门口的商业街旧貌换新颜，以前的二层小楼变成了崭新的商业街店铺。东方鞋店、好运来蛋糕店依旧还在，只是餐馆换了几茬。倘若毕业的校友们回母校时想再尝一次曾经自己最爱点的菜，大抵是不可能了。称几块好运来蛋糕，买一瓶南山矿泉水，在熟悉又陌生的校园里逛逛，也许就是记忆中青春的味道了。

南山旅遊景區
福
如
東
海
壽
南
山

南山国际会议中心·迎宾花

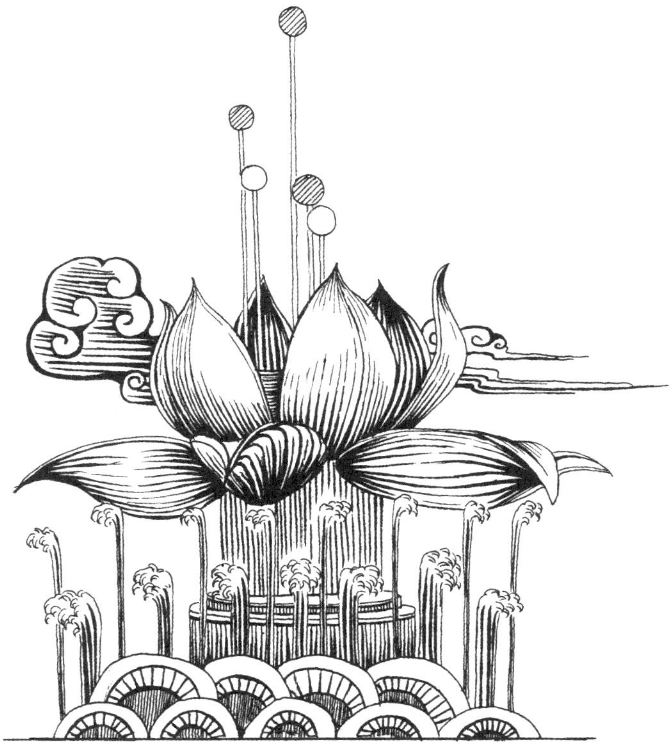

福如東海

比
南
山

南山旅游景区坐落于龙口市黄城西南七千米处，最高海拔480米，由南山集团投资建设，景区包括宗教文化园、中华历史文化园、主题公园欢乐峡谷等，集古今之博采，融中华之文明，南山景区已成为集旅游观光、休闲度假、产业观光、商务会议、娱乐购物等功能为一体的大型多功能旅游景区，以她独特的画风勾画出一幅『福寿南山·养心天堂』的人间美景。

趣说黄县志

THE INTERESTING
TOPIC OF COUNTY
HUANG'S HISTORY

别之

黃縣志 卷之首

縣境圖 每方十里

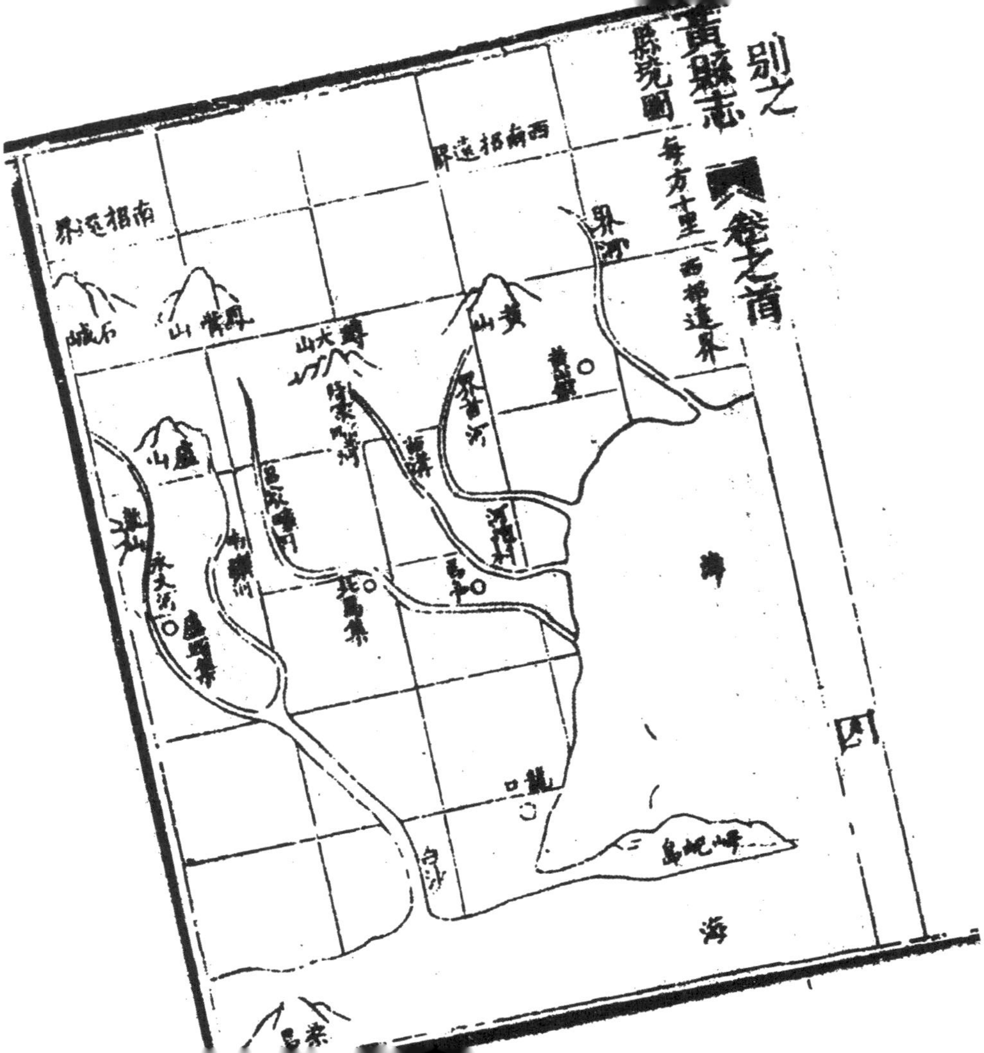

龙口市(原黄县)是山东省烟台市下辖县级市，位于山东省胶东半岛西北部。东和蓬莱市为邻，东南与栖霞接壤，南毗连招远市，西、北临海，隔海与天津、大连相望。龙口市东西最大横距46.08千米，南北最大纵距37.43千米，总面积901平方千米。截至2010年末，辖5个街道、8个镇，总人口60余万人。

龙口市历史悠久，夏代前为隅夷地；夏代属青州；商代属营州，商末建莱国；周代属莱子国，公元前567年（鲁襄公六年）为齐所灭。秦置郡县，始设黄县。1986年9月，经国务院批准，撤销黄县，建立龙口市①。

①山东省龙口市史志编纂委员会.龙口市志[M].济南：齐鲁书社，1995.

1986年 · 撤县建市

关于龙口和黄县的关系，有一段很像绕口令的描述：「龙口是龙口，黄县是黄县；龙口是黄县，黄县也是龙口；龙口不是黄县，黄县也不是龙口。」

上面这几句话，放在不同的语境下，确实也都有自己的道理。这也使得外地人在面对龙口和黄县这两个地名时，经常傻傻地分不清。

要区分这两个地名，首先看这两个地名的含义。在广义上，龙口指的是现在归烟台管辖的县级市龙口市，黄县指的是原来归烟台管辖的黄县。原来的黄县于1986年撤县建市，也就是说，广义上黄县就是龙口市，只不过从县变成了县级市。狭义上，这两个词就分别指不同的地区，按照当地人的传统看法，龙口指的就是以龙口港为中心，附近方圆多少里以内的地方，在历史上这块地方名称不一，新中国成立前就叫过龙口市，新中国成立后长时间叫龙口镇，不管怎么叫，港口那一块就是狭义上的龙口。而狭义上的黄县，就指的是原来黄县县城区域，也叫黄城。

如果走高速到南山附近，就会看到一个出口写着「黄城站」。

关于黄县和龙口的分别，在当地人口中是泾渭分明的。但外地人理解起来就有些困难，前几年的时候，龙口市的两个汽车站还没有改名，分别叫『龙口站』和『黄城站』。很多外地朋友要去县城，就和售票员说『我要去龙口』。而这个时候，售票员多半要跟你再确认一遍：『你去龙口还是去黄城？』如果你坚持说自己去的地方就是龙口的话，那么等你到了之后就会傻眼：这是哪儿啊？但打听路的话，所有的人都会说：『没错，这就是龙口啊。』这听起来很像电影《甲方乙方》中『打死我也不说』的笑话。

第一次来南山学院坐的是长途大巴，在购票处我说：『龙口1张。』售票员问道：『到龙口还是黄县？』我一愣：『到龙口！』于是，我到了龙口客运西站。

大家好，
我是西城区
龙口市
大家好，
我是东城区

到龙口还是
黄县？？
到底是龙口
还是黄城？？
售票口
一张到龙口
的票，谢谢
呃……
那一年，我买到了一张去往龙口客
运西站的
票……
2019.11.2

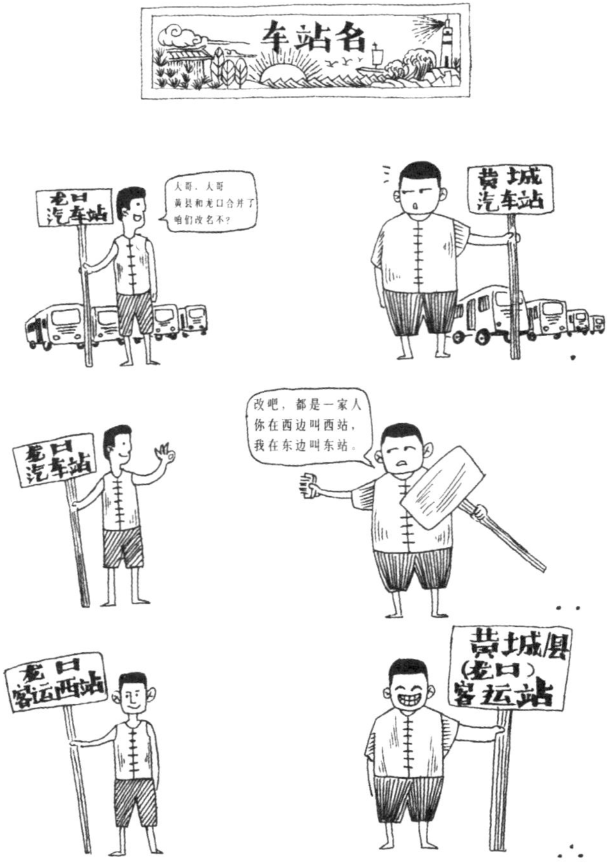
车站名
龙口汽车站
大哥、大哥
黄县和龙口合并了
咱们改名不？
黄城汽车站
龙口汽车站
改吧，都是一家人
你在西边叫西站，
我在东边叫东站。
龙口客运西站
黄城县(龙口)客运站

丁氏故居（庄园）

黄县房、栖霞粮、蓬莱净出好娘

——胶东民歌节选

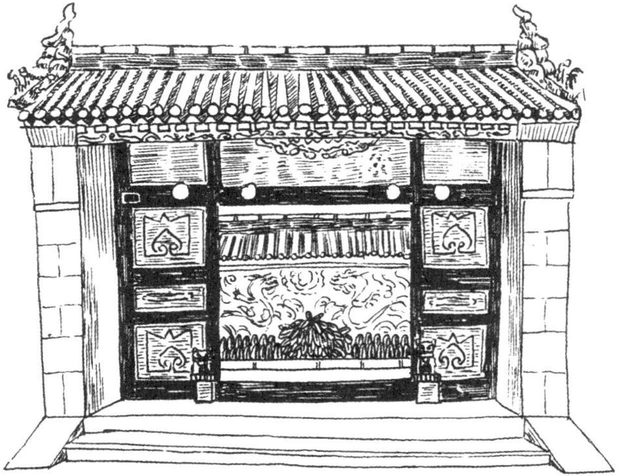

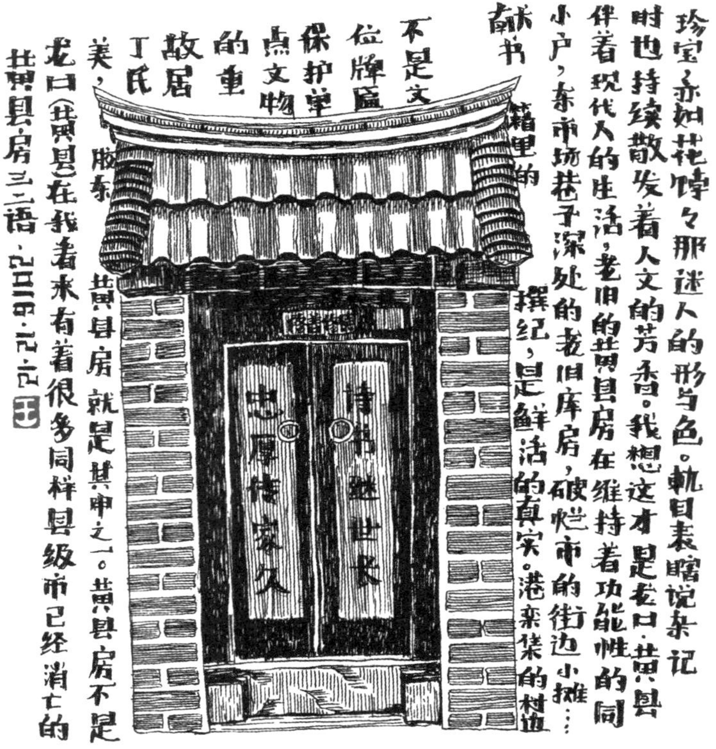

珍宝，亦如花蕾々那迷人的形与色。轨目表瞻说杂记
时也持续散发着人文的芳香。我想这才是老口·黄县
伴着现代人的生活，老旧的黄县房在维持着功能性的同
小户，东市场巷子深处的老旧库房，破烂市的街边小摊……
籍里的
撰纪，是鲜活的真实。港栾桀的村道
献书
不是文
位牌匾
保护单
点文物
的重
故居
丁氏
美，
胶东
黄县房就是其中之一。黄县房不是
老口(黄县)在我看来有着很多同样县级市已经消亡的
黄县房三语·2016.12.12
诗书继世长
忠厚传家久

丁氏故居①，又称丁氏庄园，是清乾隆年间「丁百万」家族遗留下来的宅子，距今已有200多年的历史，体现了胶东地区的民俗风情，展示了我国古代汉族劳动人民的聪明才智和创造力，展示了中华民族的优秀历史文化。丁氏故居位于山东省龙口市黄城西大街，占地3.106公顷，建筑面积8042平方米。丁氏故居是目前中国规模宏大、保存较好的「四合院」式建筑群。1985年8月被龙口市政府定为博物馆并对外开放，1996年被列为国家级重点文物保护单位。

①部分内容节选自山东省龙口市史志编纂委员会.龙口市志[M].济南：齐鲁书社，1995.

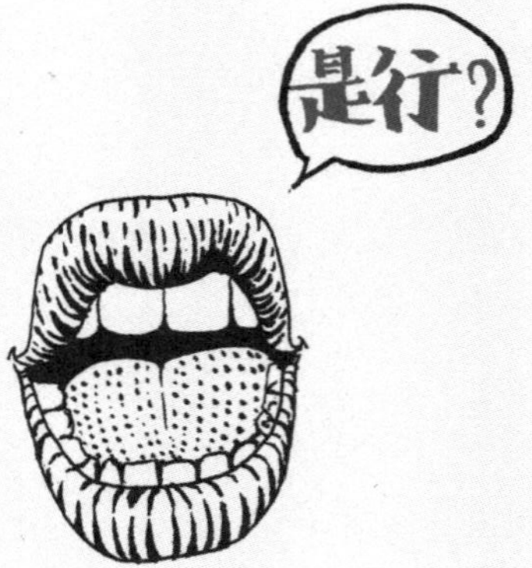

黄县音

『踏青』
龙日这么夫，我想去
特々。我带着你，你
拐着篓子，上山也行，
下沟也可以，挖点蚂蚱菜
再嚎点山木扎，咱高低来
一次，说挖就挖的踏青
我带着你，你拐着篓
子。哪怕是走着，哪
怕是骑着脚扎车子
我带着你，你拐着
篓子，管多想着，
你一定要拐着篓子
白忘了扛着决！

在龙口，对外地人来说，黄县话比英语重要得多。

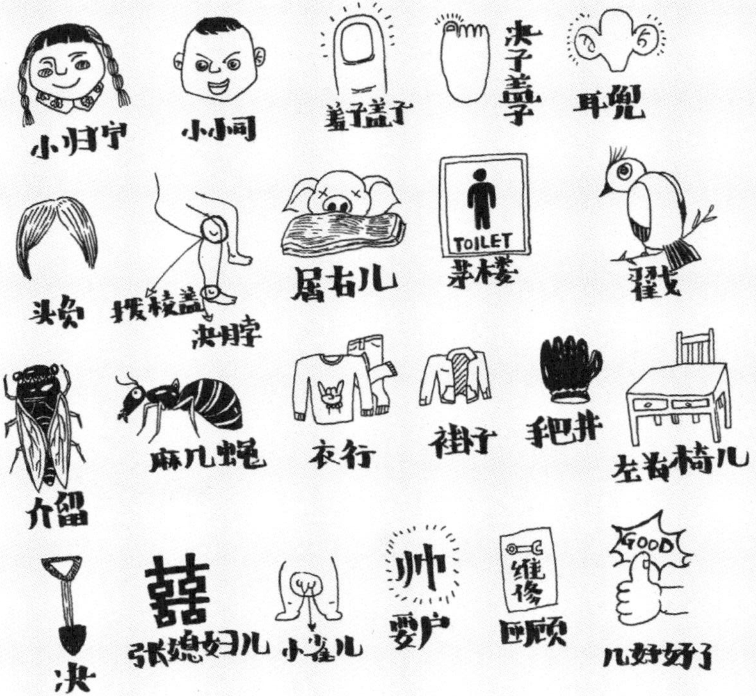

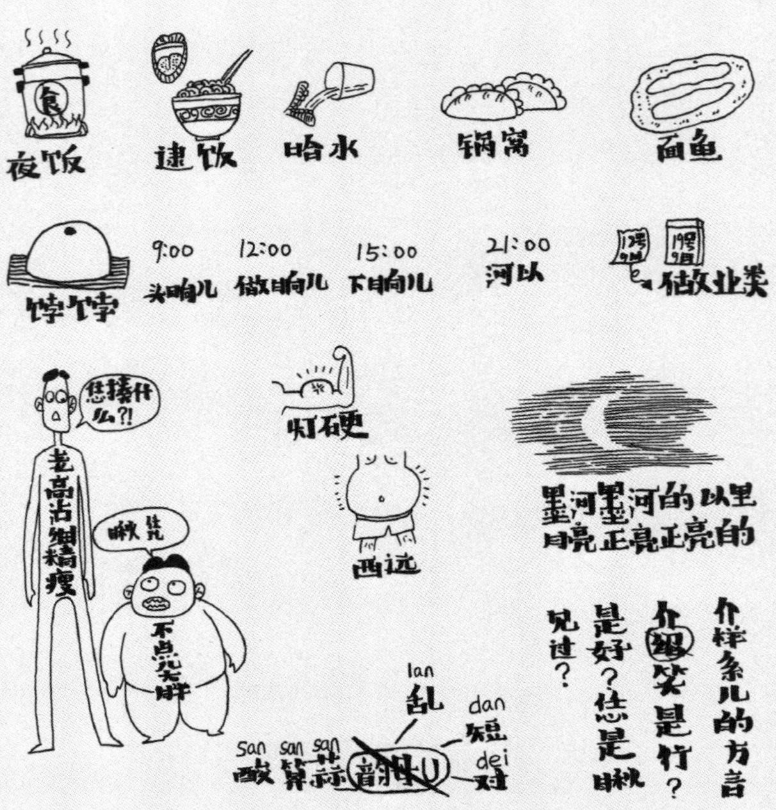
夜饭
哈水
面鱼
饽饽
9:00
头晌儿
12:00
15:00
下晌儿
21:00
您搡什么?!
不点儿大胖
墨河墨河的以里
月亮正亮正亮的
lan
乱
dan
dei
san san san

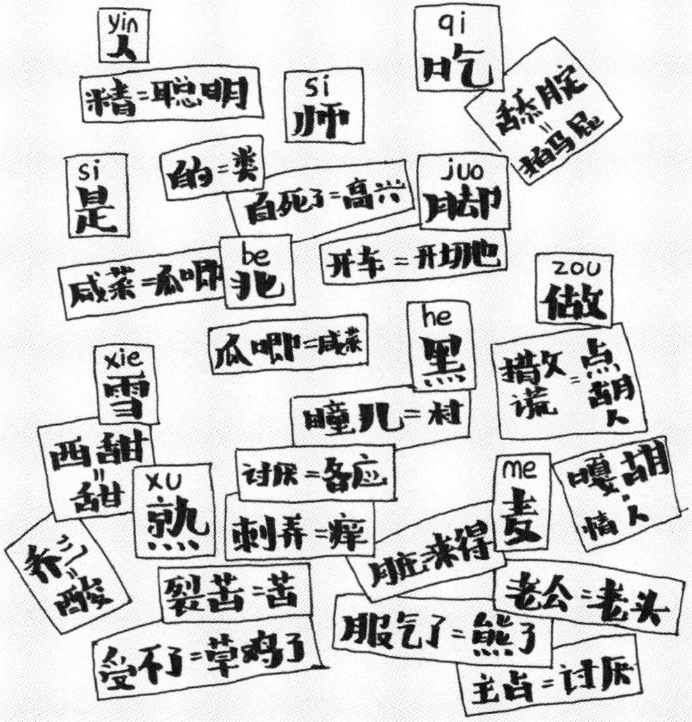
yin
人
精=聪明
si
师
qi
吃
si
是
的=类
白死了=高兴
juo
脚
be
北
咸菜=瓜唧
开车=开切吧
zou
做
瓜唧=咸菜
he
黑
xie
雪
疃儿=村
西甜
甜
xu
熟
讨厌=各应
me
麦
刺弄=痒
裂苦=苦
老公=老头
服气了=熊了
主占=讨厌

嫩快败雪了，★★★电四合类广白（BE）灵长类丑不雪，穿戴打本类也老鼻子没水平喽，俺惯都不看★★★电四合，演类雪类都四加类
嫩是逮饭咯？
怎么不逮家看电四？
出类
风凉风凉
天儿针野，河天是能风凉点儿
这小伙张类真耍户！！
SO HOT

酷热的盛夏傍晚，黄县街边。
老王头在和李大娘聊着关于为啥不在家看电视的闲天。
遛弯的赵大嫂瞄着一身正装下班回家的小伙，赵大哥醋意顿生。
远处的小宋在去青云烧烤的路上……

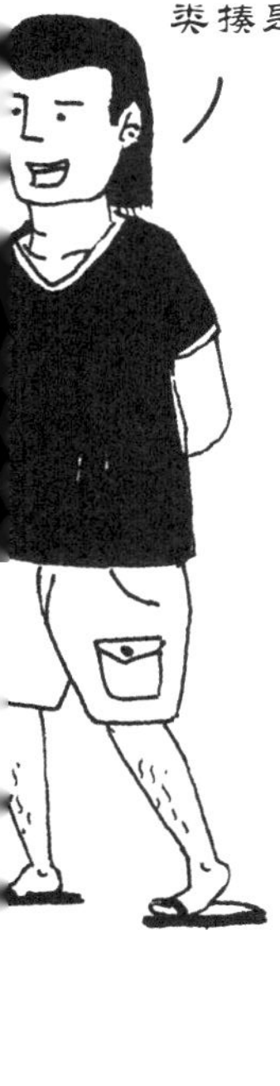

特殊先导语"毁喽"。

先一句"毁喽！"再述说遇到的糟糕或麻烦问题，这是麻烦的一显著问题，另"真奈喽"，常作埋怨他人的前缀语。

助动词"着"的省略法。

在黄县话中，凡是需要打"着"的地方，都采取将前面动词加重过渡到名词的方式。如"坐~车，骑~马，打~伞，等。再如，"他仗着他爹，你假着什么"等，"着"字都省略不发的。

结构助词"的"的替代音，"雷"（轻声）。

"的"，在龙口话中都被雷"所取代。如"谁雷"，他雷"，真过雷"，[真的]这"雷"字都应是"的"的词位。

句尾虚词"了"替代词，"咯"。

如，"完咯，好咯，飞咯，跑咯，不行咯，不趟咯[来不及了]，老鼻儿咯[很多]，玄咯"[危，奇]。其"咯"位，皆"了"位。

常用俗语动词[普通话/方言词]。

吃/逮，喝/哈[读二声]，拿着/威~呢，提着/佤咯，折/缺(三声)。最常用的"做"，一般用"揍"。如问，你揍什么？

黄县味道

THE DELICACY OF
COUNTY HUANG

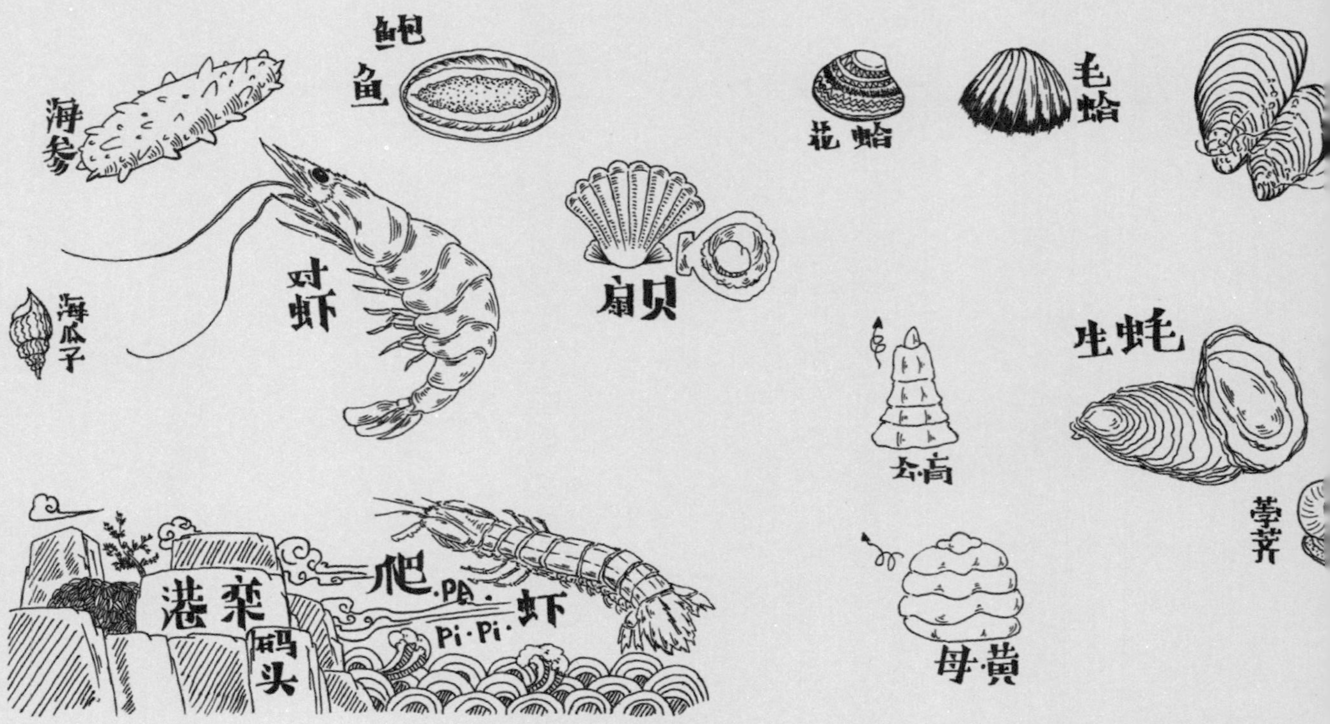
海参
鲍鱼
对虾
海瓜子
扇贝
花蛤
毛蛤
生蚝
荸荠
母黄
港栾
码头
爬·PA·虾
Pi·Pi·

走，去港栾！简单的四个字多半会让听者口舌生津。在南院吃货们心里，『港栾』两个字是自带光环的——现捕的海参、鲍鱼、扇贝、螃蟹、爬虾、苦螺、乌贝、海胆、海蛎子、大虾……三五好友凑好份子钱挑几样心仪的海鲜，就着码头边的加工摊位，用最原始的蒸煮替代煎炸焖熘，看着锅里冒出的阵阵白烟，听着咕嘟咕嘟的水声，口水就这样不自觉地顺着嗓子眼儿咽了下去。

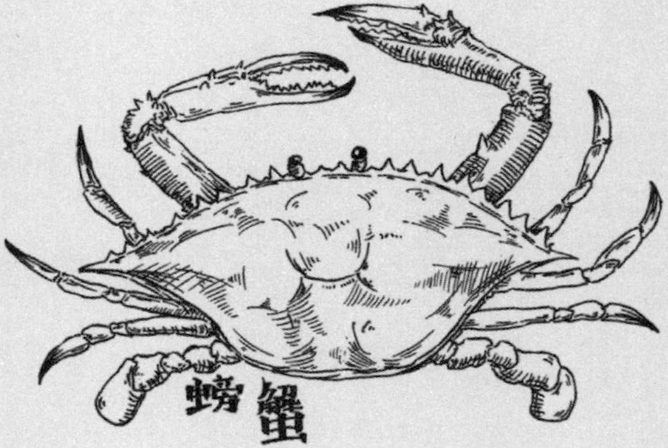

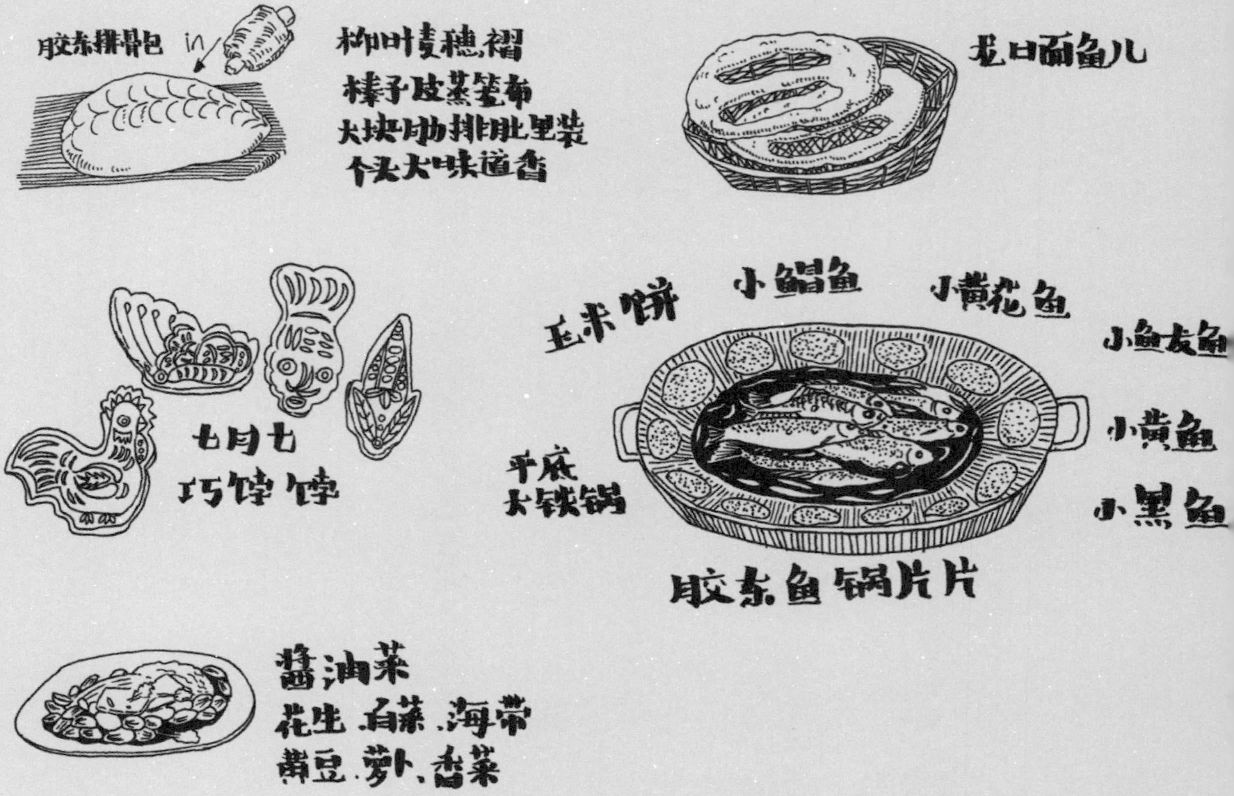
胶东排骨包 in
柳叶麦穗褶
榛子皮蒸笼布
大块肋排肚里装
个头大味道香
龙口面鱼儿
七月七
巧饽饽
玉米饼
小鲳鱼
小黄花鱼
小鲅鱼
小黄鱼
小黑鱼
平底
大铁锅
胶东鱼锅片片
酱油菜
花生、白菜、海带
黄豆、萝卜、香菜

皮薄馅儿大的胶东大包是胶东美食的佼佼者之一。有芸豆包、海菜包、白菜包等，尤其是排骨包，更是让未尝过的人瞠目：排骨都能包包子？当外地人嘟囔着一个包子都要四五块钱而接过拳头大的排骨包，心情略有好转——毕竟包子个头不小嘛。当牙齿咬破柳叶麦穗褶的包子皮，排骨肉馅儿的热油触碰到舌头味蕾的瞬间，对胶东大包的狐疑消失殆尽。风卷残云般吃完一个，舔着嘴角的肉馅儿又要了两个，只是第二个下肚后却怎么也腾不出空间搞定第三个了。

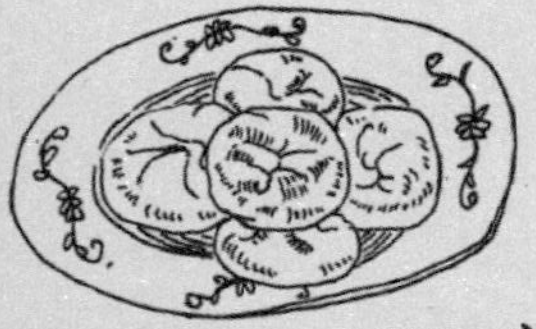

黄县肉盒（胶东名吃）

龙口粉丝

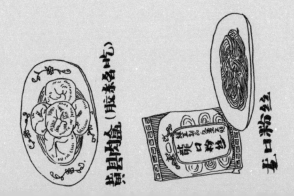

龙口粉丝
龙口君，粉丝运输就拜托啦！
妥妥的！招远君！
船
龙口君
招远君
招
远
粉
丝
龙口！龙口粉丝！
这粉丝真不错，哪里产的？
龙口!!
粉丝从哪里运来的？
真多
粉丝装运输船！

龙口粉丝名扬天下，但最地道的粉丝原产地在招远。是龙口港，是龙口的粉丝庄和黄县商人赋予了招远粉丝龙口的名号和辉煌。

也许你没尝过烟台的酒，也没抽过山东的烟，但你一定喝过南山的水。那个350ML，淡蓝色瓶身，群青色盖子，两块钱一瓶的南山矿泉水是关于南山最熟悉的味道了吧。

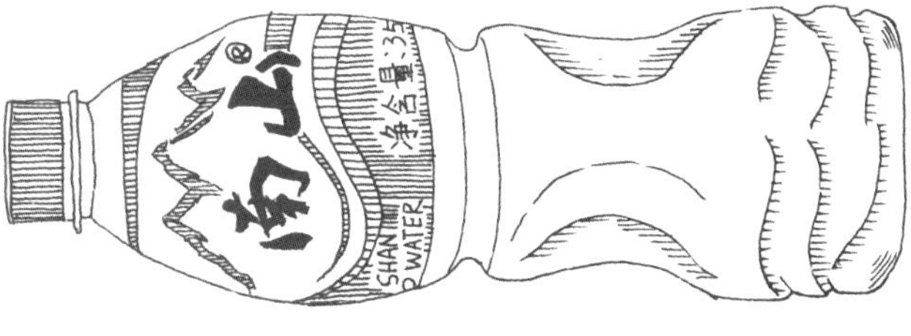

北纬37°的独特地理和气候环境，使美丽富饶的烟台成为在中国乃至世界享誉盛名的「水果之乡」，四季瓜果不断。其出产的「烟台苹果」俨然已成为中国苹果的代表，远销日本、韩国、新加坡、俄罗斯等十几个国家和地区。烟台大樱桃号称北方春果第一枝……

得益于此，南院的水果四时不断且大都为本地出产，口感极佳，价格亲民。春天的草莓、樱桃、甜瓜，夏日的蟠桃、蜜桃、李子、葡萄，秋天的红富士、长把梨、柿子……尤其10月苹果采摘季开始，当地的果农们会到学校来雇佣勤工俭学的同学前往果园采摘。即使不为了报酬，单单是想到温暖的阳光里，坐在挂满苹果的树旁大口啃着刚采摘下来的新鲜苹果，同学心里美滋滋。

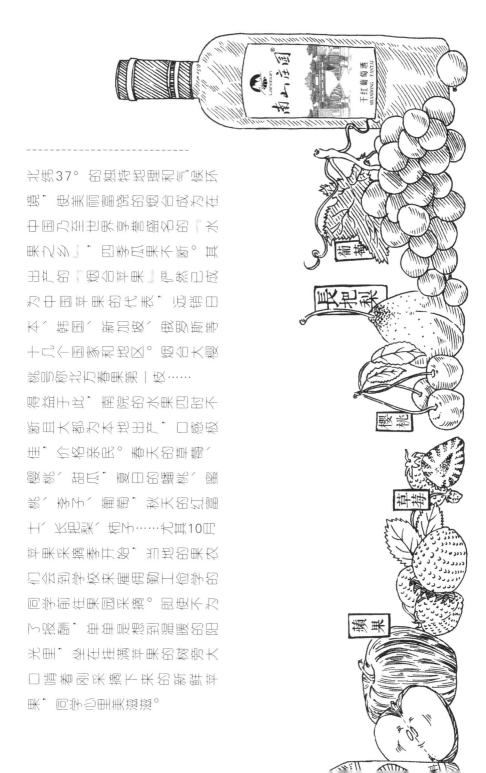

王
在我看来花饽饽的美,在于野生、原始、未被
当代文化影响的质朴。
GMB-WANG 2016.12.9.

胶东花饽饽（面塑）是国家非物质文化遗产之一。夸张的造型、吉庆的寓意、充满张力的色彩，借着面塑在告诉人们关于胶东的民俗与文化传承。既然来到龙口就一定要亲眼看看胶东面塑的样子，体会一下原生态的胶东民间艺术魅力。

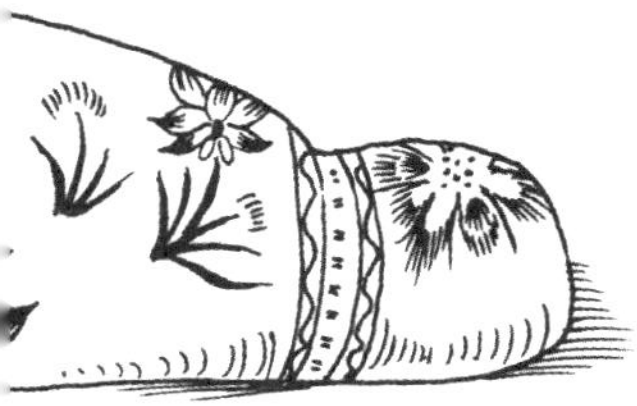

南院·再起航

NANSHAN UNIVERSITY.
SET SAIL AGAIN

少年易老学难成，
一寸光阴不可轻。
未觉池塘春草梦，
阶前梧叶已秋声。
——朱熹《偶成》

时光过得太快，试着做个真诚的人吧。南院的过往注定会铭刻在你记忆深处，永远不会消逝。快乐的、忧伤的、爱过的、恨过的……每年都会有人说一辈子也不会再回龙口，再到南院这所学校。但当初入社会，工作和生活的压力接踵而至，打得人措手不及时，最想做的是给大学挚友打个电话聊聊近况，回忆曾经的日与夜。此时，『南山学院』是避风的港湾，是疗伤的圣地，是并不完美的乌托邦。

有谁能长留青春的容颜？有谁能挡住时光的脚步？这一天不知不觉就来了，来得有些匆匆、有些无措，甚至都没来得及让人再嗅一下南院五月的槐花。走出M门，意味着要在加油站路口三选一继续走下去。只是这次，没有了返程票。毕业前，我们努力过；毕业时，我们流泪过；毕业后呢？未知的一切在等着我们去探索、去尝试。衷心祝愿走出南院的你能够拥有美好的明天！

多年后，

我依然记得那个离别的清晨，

我收拾好行李，

背上背包，

与相熟的同学依次道别，

我拒绝了所有人的送行。

一个人拉着行李走在校园的柏油路上，

看着不远处的三三两两，

就这样静静地走着，

在快要走出校门时，

低下头，

抬起左臂，

挥手，

告别。

春風一路……

后记

8，一个数字，一个段落符。到明天我已在南院任教整八年了，此前经历的是八年川渝求学。11–11，一个幸运组合，我的南院入职日期、女儿们的生日、房产证登记日期……当然，还有这册《印象·南院》后记完成日期。初稿早在两年前已完成，出于种种原因一直未能出版发行，想来冥冥中是为凑足8–11–11这组数字。不知道下一个“8”、下一个“11–11”又会拥有什么特殊的意义。

近日为书稿重新排版与修订，整理此前的创作思绪。不禁感谢自己用图与写匆匆定格了些许时间流过南院的印迹：有师生笔迹里流露的南院情怀、有改建前的校门、有“黄城！黄城！5块！5块！”、有老校友们曾经熟悉的点滴、有自己的而立之年……

这册图书创作出版过程夹杂着充实、忙碌、艰辛、沉淀与收获。感谢北京联合出版公司的周京燕老师、北京工业大学出版社的张鑫老师在前期策划阶段给予的专业建议与指导。感谢辽宁美术出版社彭伟哲老师和于敏悦老师在书籍装帧及落地发行阶段给予的全程保障和技术支持。感谢刘昕同学、王珊同学的配图协助，感谢各位领导、同事、同学饱含情感的手迹赐稿，感谢人文学院及艺术设计系各位领导的通力举荐，感谢校长办公室领导的全面协调，感谢党群工作部各位领导为书稿审定付出的辛苦劳动，感谢教务处、科研处相关领导老师的全力支持。最后还要感谢我的夫人，是您的理解和强有力的家庭保障让我有时间、有精力完成这件作品。您辛苦了，尚老师。余生很长，我们相濡以沫，携手前行。

王健龙

于南院东海校区62#C203

2019.11.11

Postscript

Eight, a number, a paragraph mark. By tomorrow, I have been teaching in *Nanshan University* for eight years. Before this precious period of time, I had studied in Sichuan and Chongqing for eight years. Number 11 plus number 11 is a lucky combination, because it is the date of my joining *Nanshan University*, the date of my daughter's birthday, and the date of registering my real estate certificate … Of course, it is also the date of writing postscript for this book *Impression. Nanshan University*. The first draft was completed as early as two years ago, but it has not been published for a variety of reasons. This, I think, may be to form up the set of number 8-11-11. I do not know what special meaning the next "8" and the next "11-11" will have.

Recently, I am engaged in re-typesetting and revision for the book draft, so as to organize the previous creative thoughts. During the process, I cannot help thanking myself for choosing the way of painting and writing to record the imprints hurriedly passed with flowing time in *Nanshan University*: there are *Nanshan University* feelings revealed from handwriting of teachers and students, there is the school gate before reconstruction, there is the familiar scenes of "Huangcheng! Huangcheng! Five yuan! five yuan!", there are many things familiar to me among old friends, and there is my own 30-year experience …

The process of creating and publishing this book is mixed with enrichment, busyness, hardship, precipitation and harvest. I would like to give thanks to Zhou Jingyan of Beijing United Publishing Company and Zhang Xin of Beijing University of Technology Press for their professional advice and guidance in the early planning stage. Then, I want to express gratitude to Peng Weizhe of Liaoning Fine Arts Publishing House for his entire guarantee and technical support in the stage of book binding and landing. Next, I want to say thanks to students Liu Xin and Wang Shan for their assistance in illustration, to all the leaders, colleagues and students for their emotional handwriting, to the leaders of the College of Humanities and the Department of Art and Design for their recommendation, to the overall coordination given by the president's office, to the leaders of Party and Mass Service Department for their hard work during examination and approval of the manuscript, and to the relevant leaders as well as teachers in Office of Academic Affairs and Department of Scientific Research for their full support. At last, I would like to thank my wife, it is her understanding and strong family support that gives me time and energy to complete this work. You, Mrs. Shang, have suffered a lot. There is still a long way to go in our following years, so let's accompany each other and experience wonderful life hand in hand.

C203, No. 62, Donghai Campus, *Nanshan University*, Yantai

September 10, 2019